국 립 중 앙 박 물 관 1 0 0 선

NATIONAL MUSEUM OF KOREA

100HIGHLIGHTS

2006년 8월 31일 초판 발행

편저 | 국립중앙박물관
　　　서울시 용산구 용산동 6가 168-6번지
　　　전화 02-2077-9000, 홈페이지 www.museum.go.kr

발행 | (주)안그라픽스
　　　경기도 파주시 교하읍 문발리 파주출판도시 532-1
　　　전화 031-955-7766(편집), 031-955-7755(마케팅)
　　　팩스 031-955-7745, 홈페이지 www.agbook.co.kr
　　　등록번호 제2-236(1975. 7. 7)

기획·편집 | 국립중앙박물관
북 디자인 | 안그라픽스
사진 | 국립중앙박물관, 조영하, 임학현
원색분해 | 포비전미디어
인쇄 | 한영문화사

국립중앙박물관

국립중앙박물관
NATIONAL MUSEUM OF KOREA

100HIGHLIGHTS

일러두기

1. 이 책은 주제에 따라 크게 5부(고고, 역사, 미술, 기증, 아시아)로 나누고, 각 부 내에서 다시 시대 순에 따라 유물을 배열하였다.

2. 도판 캡션은 유물 명칭, 시대, 규격, 문화재 지정 현황 순으로 표시했다. 유물 규격의 단위는 cm이 며, 세로×가로를 원칙으로 하였다. 유물의 지름과 두께 등은 별도로 표기했다.

3. 도판 해설은 한글과 영문으로 표기하였다. 한글 표기 중에서 필요한 경우 한자를 병기했는데, 앞서 표기된 한글과 뒤의 한자 독음이 같은 경우에는 (   )를 사용하지 않고 표기했으며, 한글과 한자 독음이 다른 경우는 (   )로 구분했다.

4. 이 책에 소개된 유물은 국립중앙박물관 전시 일정 등에 따라 변경될 수 있음을 밝혀둔다.

차 례

卫卫

考古

ARCHAEOLOGY

주먹도끼 握槌

구석기시대의 시기 구분은 인류의 진화 정도와 뗀석기의 발달 단계에 기준을
둔다. 이는 뗀석기가 구석기시대의 가장 주요한 도구임을 말해주는 것이기도
하다. 뗀석기가 중요한 까닭은 인류의 진화와 지능 발달 과정이 뗀석기의 제
작 기술의 발달과 직접 관련이 있다고 보기 때문이다.

뗀석기의 발달 과정은 크게 소형화, 정교화, 전문화로 요약된다. 구석기시대
의 전기에서 후기로 갈수록 석기의 크기는 점점 작아지며, 보다 전문적인 기
능을 가진 정교한 도구들이 다양하게 분화·발전되었다.

이 주먹도끼는 경기도 연천 전곡리 선사 유적에서 출토된 것으로, 가로날도
끼, 찍개류 등과 함께 한반도의 구석기시대 전기(70만 년 전-12만 년 전) 석
기를 대표하는 유물로 꼽힌다. 가장자리만 날카롭게 가공한 주먹도끼는 인류
가 첫 도구를 제작하고, 그로부터 1백만 년이 지난 후에 만들어진 것이다.

주먹도끼가 인간 진화를 유추할 수 있는 상징적인 유물로 꼽히는 이유는 완전
한 직립과 어느 정도 성장한 뇌를 가진 곧선사람 단계에 이르러 제작되었기
때문이다. 구석기인들은 주먹도끼를 만들기 위해 좋은 석재를 찾아낸 후, 숙
련된 기술로 돌의 양면을 돌로 내리쳐 날을 만들고, 가장자리만 날카롭게 가
공하였다.

HANDAXE

This handaxe was excavated from the prehistoric site of Jeonkok-ri,
Yeoncheon, in Gyeonggi-do. A handaxe with its edge sharpened was
produced 1 million years later after human being had produced the first
tool in history.

The reason that a handaxe is a symbolic artifact from which human
evolution can be traced, is that it was produced by a human being who
began to stand up and think.

001
—
구석기시대
길이 15.0cm
—
Paleolithic Age
L 15.0cm

덧무늬토기 隆起文土器

덧무늬토기는 토기 겉면에 진흙 띠를 덧붙이거나 겉면을 손끝으로 집어 눌러 돋게 하여 여러 가지 덧무늬를 장식한 토기다. 기원전 6천 년-기원전 4천 년 무렵에 사용된 덧무늬토기는 주로 동해안과 남해안 지역에서 출토되며, 빗살무늬토기보다 이른 시기에 제작되었다.

이 토기는 부산시 동삼동東三洞 조개더미(貝塚) 유적에서 출토되었다. 좁은 납작 바닥에 너른 아가리를 가진 바라진 형태로, 아가리 밑에 가로로 한 줄의 굵은 덧띠를 두르고, 그 위를 손톱으로 눌러 무늬 효과를 낸 것을 알 수 있다. 가로띠 밑으로 몸통 중간까지 가는 덧띠로 세모꼴을 연속적으로 구획하고 다시 안팎으로 가는 덧띠를 채웠다.

토기는 식량의 저장과 운반뿐만 아니라 음식의 조리에도 이용된, 당시 가장 훌륭한 도구였다. 토기 발명 이전 자연물로 된 그릇은 음식물을 운반하거나 저장하는 데만 쓰일 뿐이었다. 하지만 새롭게 만들어진 토기는 액체를 저장하고 음식을 조리하는 데 적합했다. 이처럼 토기를 사용하게 됨으로써 당시 사람들은 식생활에 안정을 기할 수 있었고, 이를 바탕으로 한곳에서 비교적 오랫동안 머물며 생활하게 되었다.

POTTERY WITH APPLIQUE DECORATION

Pottery with applique decoration is decorated with various additional patterns by adding a clay band to its surface or pressing its surface with fingers. This pottery used widely during B.C. 6,000-4,000, was mainly excavated around the east and south coasts. It was produced earlier than the comb-pattern pottery.

002
—

신석기시대
높이 45.0cm, 입지름 40.8cm

—

Neolithic Age
H 45.0cm, D 40.8cm

빗살무늬토기 櫛文土器

빗살무늬토기가 한반도에 나타난 것은 기원전 5천 년 무렵이다. 한반도 중서부 지역에 처음으로 나타나 빠른 속도로 한반도 전체로 퍼졌다. 이전의 덧무늬토기에 비해 빗살무늬토기는 한반도 전 지역에서 발견되고 있어 우리나라 신석기 문화를 '빗살무늬토기 문화' 라 부르기도 한다.

이 토기는 우리나라 신석기 문화를 대표하는 빗살무늬토기로, 서울시 암사동 岩寺洞 집터(住居址) 유적에서 출토되었다. 형태는 간결한 자형이고, 겉면은 크게 아가리(口緣部)·몸통(器腹部)·바닥(底部)으로 삼등분되고, 각각 점과 선으로 이루어진 기하학적 무늬로 장식되어 있다. 이들 무늬는 자연 속에서 생활했던 신석기인들의 세계관을 추상적으로 표현한 것으로 여겨진다. 각각의 무늬가 일정한 형태와 크기를 띠고 있어 신석기인들의 뛰어난 공간 구성력과 미적 감각을 느낄 수 있다.

COMB-PATTERN POTTERY

Comb-pattern pottery began to appear in the Korean Peninsular around B.C. 5,000.

It first appeared in the middle and western areas and then spread across the peninsular. So, Korean Neolithic culture is often called as 'Culture of earthenware with the teeth of a comb design.'

This pottery was excavated from the site of Amsa-dong houses in Seoul. Its shape is simple 'V', composed of three parts; mouth, body, and base, and decorated with geometrical patterns.

003
—

신석기시대
높이 38.1cm, 입지름 26.6cm

—

Neolithic Age
H 38.1cm, D 26.6cm

요령식 동검 遼寧式銅劍

요령식 동검 문화는 우리나라 초기 청동기 문화를 대표한다. 현재 중국의 동 북 지방인 랴오닝 성 지역 일대를 중심으로 기원전 10세기 무렵에 성립되었 다. 가장 대표적인 유물은 요령식 동검으로, 그 형태로 인해 비파형 동검琵琶 形銅劍이라고도 부른다.

요령식 동검의 가장 큰 특징은 날(刃部)이 곡선적이고, 칼(劍)과 손잡이(把 部)가 따로따로 만들어져, 결합해서 사용한다는 데 있다. 이는 칼과 손잡이를 연결해 한몸으로 만드는 중국식 동검中國式銅劍과 북방계의 오르도스식 동 검과 큰 차이를 보여준다.

이 칼자루는 황해도 신천 지역에서 출토된 것으로 전해지는데, 이전에도 황해 도 지역에서 이러한 형식의 칼자루가 출토된 적이 있다. T자 모양의 칼자루는 요령식 동검과 함께 나타나는 특징적인 형식으로, T자형의 윗부분은 평면이 땅콩 모양으로 안쪽을 일정하게 파내어 칼자루끝장식(劍把頭飾)을 단단히 부 착해 묶을 수 있도록 했다. 안쪽 한가운데는 칼자루와 연결되는 쪽에 장방형의 구멍이 나 있으며, 바깥 면에는 번개무늬(雷文) 문양이 새겨져 있다.

LIAONING-TYPE BRONZE DAGGER

Liaoning-type bronze dagger represents Korean Early Bronze period culture.

The main characteristic of this dagger is that its blade bends in the shape of 'S' and its blade and its grip were made separately and then combined. These characteristics exhibit unique Korean Bronze period culture quite different from China.

The grip of this bronze dagger is believed to have been excavated in Sincheon, Hwanghae-do.

004
—
청동기시대
길이 42.0cm
—
Bronze Age
L 42.0cm

농경문 청동기 農耕文靑銅器

한쪽 면 오른쪽에는 머리 위에 긴 깃털 같은 것을 꽂은 채 따비로 밭을 일구는 남자와 괭이를 치켜든 인물이 있다. 왼쪽에는 항아리에 무언가를 담고 있는 인물이 새겨져 있다. 그 반대 면에는 좌우에 각각 두 갈래로 갈라진 나무 끝에 새가 한 마리씩 앉아 있다. 이러한 무늬는 모두 오래 전부터 내려오는 솟대(神竿) 신앙을 연상시킨다.

특히 이 유물은 인물, 농기구, 밭 등을 추상적인 선으로 묘사해 청동기시대의 농경 양상과 농경 의례의 실상을 구체적으로 보여줄 뿐만 아니라, 당시 회화 수준을 짐작케 해준다는 점에서 귀중한 유물로 꼽히고 있다.

이 유물은 대전에서 출토되었다고 전해진다. 형태는 대전 괴정동에서 출토된 방패 모양 청동기와 같으나, 괴정동 출토 유물에 비해 상부 좌우 돌출부가 더 길고 뾰족하다. 상면에는 6개의 방형 구멍이 뚫려 있는데 양쪽 가장 자리에 있는 두 개의 구멍에 끈을 묶어 매달았던 것으로 보인다.

농경문 청동기는 제사를 지낼 때 큰 나무에 매달던 의기儀器로 쓰였던 것으로 보인다.

BRONZE RITUAL ARTIFACT

A man digging up the land and a man holding up a hoe are depicted on the right of the front. At its left, there is a person putting things into a jar. On the opposite side, there is a tree on whose two branches two birds are sitting.

This object represents the real farming life of Bronze Age in detail. It also suggests the level of painting at that time.

005
—

청동기시대
너비 | 12.8cm
—

Bronze Age
W 12.8cm

방울 八珠鈴

팔주령은 표면이 오목하고 뒷면이 불룩한 팔각으로 된 청동판의 모서리에 각 각 하나의 둥근 방울을 부착한 형태를 지녔다. 주로 표면에 무늬가 새겨져 있 는데, 중심부에는 방사상의 햇빛무늬나 점선무늬가 있고, 둥근 방울의 표면에 는 고사리무늬가 새겨져 있는 것도 있다.

뒷면의 중앙에는 ∩형 꼭지 한 개가 달려 있는데, 4개의 절개구를 가진 방울 속에는 각기 하나의 청동 구슬이 들어 있다. 이 유물은 보통 쌍으로 출토되는 데, 두 손에 들고 흔들었던 의식용 도구로 추정된다. 무엇보다 비슷한 시기에 중국이나 일본에서는 출토되지 않아, 한반도 특유의 청동 유물이라고 할 수 있다.

이 팔주령은 전남 화순 대곡리의 돌무지 나무널 무덤에서 잔무늬 거울, 한국 식 동검 등과 함께 출토되었다. 거울과 방울에는 보통 점과 단선으로 이루어 진 십자문, 일광문, 사각문, 집선문 등의 문양이 구성되어 있다. 방울은 무늬 의 구성이 다른 청동 의기들과 같아 제의를 주재하던 '샤먼'과 같은 권력자가 사용했던 것으로 보고 있다. 잔무늬 거울로 대표되는 제사장의 의기가 방울들 과 병행, 확대되어 빛과 소리를 통한 통치 이념을 행했다는 사실을 보여주는 의미도 갖고 있다. 나아가 사회의 통치자인 제사장에게 칼, 거울과 함께 방울 류가 필수 도구였음을 미루어 짐작케 해준다. 이러한 무구들은 오늘날에도 상 징적인 의기로 여겨져 대대로 전승되고 있다.

006
—
청동기시대
지름 14.5cm
국보 143호
—
Bronze Age
D 14.5 cm
National Treasure No. 143

BRONZE RITUAL BELLS

This artifact was excavated from the tomb in Daegok-ri, Hwasun in Jeollanam-do with a mirror with small patterns, Korean-type bronze dagger, and so on. Since it has the same patterns as other ritual tools, it is presumed to have been used by a shaman. It is believed that a mirror, a dagger, and bells were crucial tools for a powerful ruler and a shaman.

오리 모양 토기 鴨形土器

오리 모양 토기는 울산 중산리의 덧널 무덤에서 출토되었다. 몸통 속이 비어 있어 술이나 액체를 담을 수 있고, 등과 꼬리 부분에는 액체를 담거나 따를 수 있는 구멍이 있다. 오리를 본떠 만든 이 토기는 장례와 관련된 의례에 사용된 후, 무덤에 부장된 것으로 추정된다. 『삼국지위서동이전三國志魏書東夷傳』 에 "以大鳥羽送死, 其意欲使死者飛揚(장례에 큰 새의 깃털을 사용하는데, 이 는 죽은 자가 날아갈 수 있도록 하기 위함이다)"라는 기록이 있는데, 이것으 로 미루어 죽은 자의 영혼을 천상으로 인도하는 새 혹은 오리를 본떠 만든 것 을 알 수 있다.

고대인들은 죽은 이의 영혼을 천상으로 인도하거나 봄에 새가 곡식의 씨앗을 가져다준다는 '조령 신앙鳥靈信仰'을 믿었다. 우리나라에서도 청동기시대부 터 새를 형상화한 유물이 발견되고 있는데, 초기철기시대와 원삼국시대의 유 적에서는 오리 모양 토기와 새 모양 목기, 새 무늬 청동기 등 다양한 형태의 유 물이 출토되어 새와 관련된 의례가 행해졌음을 보여준다.

DUCK-SHAPED POTTERY

This duck-shaped pottery was excavated from the tomb in Jungsan-ri, Ulsan. It can contain liquor or liquid and since its body is empty. At the parts of the back and the tail, there are holes for pouring. This pottery was used for the funeral ceremony and then buried in the tomb. Out of the belief that a bird or a duck will lead the dead to the paradise, it was shaped as a duck.

007
—
원삼국, 3세기
출토지 | 울산 중산리
높이 32.5cm
—
Proto-Three Kingdoms
period, 3rd century
H 32.5 cm

현무 玄武 Tortoise & Serpent

청룡 靑龍 Blue Dragon

백호 白虎 White Tiger

벽화모사도 壁畫模寫圖

일제강점기에 조선총독부박물관의 의뢰를 받은 동경미술대학교 오바 스네키치(小場恒吉)와 오타 후쿠조(太田福藏)에 의해 이루어진 이 벽화모사도는 지금까지 발견, 조사된 고분 벽화 가운데 매우 중요한 고분 벽화를 실물 크기로 모사한 것이다. 현지에서 벽면의 장면을 분리한 부분도를 낱장 형태로 그리고, 다시 완전한 벽면으로 조합해 완성했던 것으로 추정된다.

강서대묘는 남포시 강서구역 삼묘리에 위치하는 고구려의 대표적인 돌방 벽화 무덤으로, 잘 다듬은 벽면에 사신도가 그려져 있다. 벽화의 사신은 사실적이면서도 운동감이 넘치는 유려한 필치를 자랑해, 동아시아 회화의 백미로 꼽힌다.

특히 이들 모사도는 벽화가 훼손된 모습까지도 그대로 재현했다는 점에서 학술 가치가 대단히 높고, 벽화를 복원하는 데 유용한 자료로 쓰이고 있다.

COPIED PAINTING FROM MURAL

This painting was produced by Oba Snekichi and Ota Hukujo of Tokyo Fine Arts University in 1912. They copied the most important mural of the tomb that had ever been excavated or studied. Since their copy of the mural had been done before the mural got damaged, it is an important and reliable source for the study and restoration of the mural.

008
—
고구려
—
Goguryeo

산수무늬 벽돌 山水文塼

부여 규암면 외리의 사비시대 절터에서 출토된 벽돌이다. 이곳에서 발견된 무늬벽돌에는 산수무늬, 연꽃무늬, 구름무늬 등 모두 8종류의 무늬가 새겨져 있고, 바닥에 나란히 깔려 있는 상태로 출토되었다. 불교적 요소와 도교적 요소를 함께 갖고 있는 이 무늬벽돌은 화려하고 장식적인 면을 포함하고 있어 당시 백제인들의 문화 수준과 백제인의 이상적인 정신 세계가 유감없이 발휘되어 있다는 평을 받고 있다.

이 벽돌은 산과 냇물을 표현한 산수무늬 벽돌이다. 앞으로 시냇물이 흐르고, 그 뒤로 기암괴석과 세 개의 봉우리로 이루어진 산들이 첩첩이 들어서 있다. 또한 산봉우리마다 소나무 숲이 있고, 산 위의 하늘에 구름이 흐르는 등 마치 한 폭의 산수화를 연상케 한다. 가운데 부분의 산 중턱에는 기와집 한 채가 있고, 그 오른쪽 바위에는 이 집을 향해 가는 도인 같은 한 사람이 그려져 마치 신선이 사는 무릉도원을 표현한 듯하다.

전체적으로 후경後景이 전경前景 위에 얹혀있는 듯한 백제 특유의 원근법이 잘 나타나 있는 이 무늬벽돌은 도식화된 화법에도 불구하고 백제 회화의 한 단면을 살필 수 있는 소중한 자료로 여겨진다.

TILE WITH LANDSCAPE IN RELIEF

This tile was excavated from the monastic site of Buyeo. On the tiles that were found in this site, there are eight different designs carved, including landscape, lotus and cloud. These patterned tiles that express Buddhist and Taoist messages through magnificent decoration, exhibit the level of Baekje culture and spirit.

This tile has landscape design. At the front, a brook is running and at the back, mountains of three peaks are standing. This scene reminds the viewer of a landscape. On the hill side there is a tile-roofed house and a person walking toward the house. This house seems an Arcadia. Since this tile shows well the unique perspective of Baekje period.

009
—
백제
길이 29.5cm
보물 343호
—
Baekje
L 29.5cm
Treasure No. 343

관 꾸미개 冠飾

충남 공주시 금성동에 위치한 무령왕릉에서 출토되었다. 무령왕릉은 무덤길
(羨道)과 무덤방(墓室)을 갖춘 아치형 벽돌 무덤(塼築墳)으로, 중국 남조南
朝 양梁나라의 영향을 받았다. 무덤 내부에서 무덤의 주인공에 관한 기록이
새겨진 지석이 발견되어 삼국시대 왕릉 중 무덤의 주인공을 알 수 있는 유일
한 고분이기도 하다.

발굴 당시 무덤 내부에서 금으로 만든 관 꾸미개, 금동 신발, 글씨가 새겨진
팔찌 등이 출토되었고, 이 가운데 17점이 국보로 지정될 정도로 그 가치가 높
다. 고구려, 신라와는 또 다른 백제 미술의 진면목을 보여준다.

이 유물은 무령왕릉에 묻힌 왕비의 머리 부분에서 한쌍으로 출토되었다. 얇은
금판에 인동당초무늬(忍冬唐草文)와 불꽃무늬(火焰文) 장식을 맞새김(透彫)
하였다. 무령왕의 관식과 달리 문양이 좌우대칭이며, 달개가 달려 있지 않은
점이 특징이다. 중앙에는 7장의 연꽃잎으로 장식된 대좌 위에 활짝 핀 꽃을 꽂
은 화병寶瓶이 올려져 있다. 왕비의 관식에 보이는 이러한 불꽃무늬와 인동당
초무늬 등은 불교적 색채를 띠는 것으로, 관식의 제작에 불교적인 요소가 반
영되어 있음을 알 수 있다.

GOLD DIADEM ORNAMENTS

These Ornamnets were excavated from the tomb of King Muryeong in
Geumseong-dong, Gongju, Chungcheongnam-do. The tomb of King
Muryeong is the only tombs of kings of Three Kingdoms period whose
owner can be identified.

During the excavation of the tomb of King Muryeong, many artifacts
including gold diadem ornaments, gold shoes, and a bracelet with
inscription, were found and 17 items from them were appointed as
national treasures. Also it exhibits the real Beakje art which is different
from Goguryeo or Silla.

This pair of gold diadem ornaments was found around where a queen's
head had been placed.

010
—
백제
높이 22.6cm
국보 155호
—
Baekje
H 22.6cm
National Treasure No. 155

갑옷과 투구 甲冑

이 갑옷은 경북 고령의 지산리 32호 무덤에서 출토되었다. 가로로 긴 형태의 철판을 못으로 연결해 만든 것이다. 이와 같이 가로로 긴 형태의 철판을 이용해 갑옷을 만들기 위해서는 인체의 곡률에 맞추어 철판을 구부려야 한다. 따라서 다른 판갑옷에 비해 철을 다루는 기술이 고도로 발달되어야 했다. 이러한 형태의 갑옷은 가야 지역뿐만 아니라 백제 지역에서도 발견되고 있어, 삼국 시대에 널리 유행했던 것으로 여겨진다.

어깨 가리개(肩甲)는 판갑옷에 부속되는 것으로, 주인공의 어깨와 쇄골 부위를 보호하기 위해 입는 부위별 갑옷이다. U자형으로 휜 철판에 가죽을 보강하여 사용한 것으로 추측된다. 한편 투구는 전사의 머리를 보호하는 기본적인 개인 방어구인데, 투구의 상부가 앞쪽으로 튀어나오듯이 각이 진 모양이 인상적이다. 4개의 긴 철판을 상하로 연결하고, 주걱 모양의 철판을 정수리 부분에 덮은 뒤 둥근 못으로 고정시킨 형태이며, 투구의 아래 부분에는 목을 가리기 위해 3개의 철판을 마련한 것도 보인다.

가야의 갑옷은 실용적인 기능과 함께 권력의 상징물로 4-5세기에는 무덤에 부장되었다. 그러나 6세기 중엽 이후부터는 갑옷을 부장하는 풍습이 사라지기 시작하는데, 이는 매장 관념埋藏觀念 혹은 매장 습속이 변화된 것으로서, 방어용의 기능은 여전히 강조되었지만 권력의 상징물로서의 의미는 축소되었기 때문이다.

011
—

가야, 5세기
출토지 | 경북 고령 지산리 32호 무덤
갑옷 | 높이 40.6cm, 폭 49.6cm
투구 | 높이 14.8cm, 길이 25.7cm
어깨 가리개 | 높이 13.5cm, 길이 25.6cm
—
Gaya, 5th Century
Armor | H 40.6cm, W 49.6cm
Helmet | H 14.8cm, L 25.7cm
Shoulder Protector | H 13.5cm, L 25.6cm

PLATE ARMOR AND HELMET

This armor was excavated from No. 32 tomb in Goryeong, Gyeongsangbuk-do. Long iron plates are attached by nailing. The fact that this type of armors were found in other regional areas, means that it was quite popular during Three Kingdoms period.

To protect a warrior's head, this helmet is angular in the center of the front. And also the lower part of the helmet was composed of three iron plates to protect a neck. In Gaya, armor has not only practical function but also symbolic meaning of power.

말머리 모양 뿔잔 馬頭角杯

인물이나 동물 및 특정한 물건을 본떠 만든 토기를 일반적으로 상형토기象形土器라고 한다. 상형토기에는 속이 비어 있거나 뿔잔 등이 붙어 있어 주전자나 잔과 같은 역할을 한 것과, 배(舟形)·수레(車形)·뿔잔(角杯)·집(家形)·신발(履形)·방울 모양 토기 등 물체의 형상을 본 떠 만든 것이 있다.

뿔잔은 소나 코뿔소 등 짐승의 뿔을 잘라 술과 같은 음료를 마시던 습관에서 유래된 용기이다. 처음에는 실제 뿔을 이용하였으나, 점차 상아나 금속, 옥 등을 사용했다. 토기나 칠기, 금동제로 만들어진 뿔잔은 북방계 유목 민족이 주로 사용했는데, 『삼국유사三國遺事』 등의 기록으로 미루어 신라 사회에서도 유행했음을 알 수 있다.

이 뿔잔은 남성적이고 신성한 상징적 의미를 지닌 말의 머리 부분을 조각한 독특한 형태를 띠고 있다. 낙동강 유역의 가야 지역에서 이와 유사한 형태의 뿔잔이 많이 발견되는데, 말에 대한 사상이나 신앙을 배경으로 제작, 사용된 것으로 보인다. 사산조 페르시아나 중국 등에서도 이와 비슷한 형태의 뿔잔이 확인되는 것으로 보아 뿔잔의 문화적 연원을 살펴보는 데 좋은 자료로 여겨지고 있다.

HORSE-SHAPED HORN CUP

A horn cup was originated from a custom that people drank from a horn of a cow or a rhinoceros. At first a real horn was used, but ivory, metal, and jade started to be used.

This horn cup has a shape of the head of a horse that has a symbolic meaning of masculinity and holiness. This type of cups was found around Gaya area of Nakdonggang. Since similar shaped cups were found in China and Sassanian Persia, this cup is a good source for studying cultural origin of a horn cup.

012
—

가야, 5세기
출토지 | 부산 동래 복천동 1호 무덤
높이 14.4cm, 길이 20.8cm
보물 598호
—

Gaya, 5th century
H 14.4cm, L 20.8cm
Treasure No. 598

봉수형 유리병 鳳首形 琉璃瓶

신라의 유리 그릇은 왕릉급의 대형 무덤에서 주로 출토된다. 금관이나 금 허리띠처럼 특정 신분만이 소유할 수 있었던 것으로, 피장자의 정치적·사회적 신분이 높았음을 알 수 있다.

황남대총에서 출토된 이 유리 그릇은 남 러시아, 지중해 주변, 근동 지방에서 출토되는 로마의 유리 그릇Roman Glass과 형태나 제작 기법이 유사한 것으로 미루어, 유라시아 대륙을 지나 비단길과 바닷길을 통해 중국과 신라에 전해진 것으로 보인다.

이 봉수형 유리병은 주변의 빛을 빨아들일 듯한 신비로운 연녹색 유리병으로, 그리스의 오이노코에Oinocoe라고 불리는 유리병과 형태가 거의 유사하다. 손잡이에 감긴 금실은 병을 수리한 흔적으로 추정된다.

GLASSWARE

Glassware in Silla was excavated mainly in huge tombs such as a tomb of a king. Just like a gold crown and a gold belt that a certain class people could have, glassware also shows that its owner was in a politically and socially high class.

Since this glassware is quite similar with Roman Glass of Russia and the Mediterranean areas, it is presumed to have been transmitted from the Eurasia through the Silk Road to China and Silla.

013
—
신라, 5세기
출토지 | 경주 황남대총 남분
높이 24.7cm
국보 193호
—
Silla, 5th century
H 24.7cm
National Treasure No. 193

금관 金冠

이 금관은 신라에서 가장 큰 무덤인 경주의 황남대총에서 출토되었다. 북분에서 '夫人帶부인대' 라는 명문이 새겨진 은제 허리띠 끝장식과 남분보다 많은 양의 꾸미개와 가락바퀴 등이 출토되었는데, 이로 미루어 무덤의 주인공이 여자임을 알 수 있다.

금관은 관모와 관식 등과 함께 무덤 주인공의 정치적·사회적 신분을 짐작케 해주는 가장 중요한 자료이다. 이 금관은 3개의 나뭇가지 모양과 2개의 사슴뿔(鹿角) 장식을 관테의 안쪽에 덧대고, 금못 3개를 ∴ 모양으로 박아 고정하였다. 관테에는 상하의 가장자리에 2줄의 연속 점무늬(點列紋)와 파도 모양 무늬(波狀紋)를 1줄씩 표현하고, 그 가운데에 곱은 옥(曲玉)을 매달았다. 세움 장식의 작은 나뭇가지는 3단으로 만들었고, 각 단마다 비취제 경옥硬玉을 5개씩 매달아 그 화려함을 더했다. 관테의 앞면에는 모두 6개의 굵은고리 드리개가 드리워져 있다.

신라 금관의 기본적인 형태는 시베리아Siberia의 무속관巫俗冠과 아주 흡사하여, 신라의 독특한 묘제인 돌무지덧널무덤(積石木槨墳)과 함께 당시 신라 지배 계급이 북방 계통인 것으로 추정하기도 한다.

GOLD CROWN

This gold crown was excavated from the North tomb of Hwangnamdaechong in Gyeongju. In the North tomb, more ornaments including a silver belt ornament with an inscription of 'Buindae(the meaning of Madame's belt)' were found than in the South tomb. In this sense, this North tomb can be presumed to have belonged to a woman. A gold crown indicates the owner's political and social class.

014
—
신라, 5세기
출토지 | 경주 황남대총 북분
금관 높이 27.3cm
국보 191호

—
Silla, 5th century
H 27.3cm
National Treasure No. 191

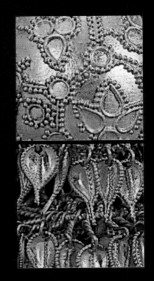

금 귀걸이 숲벳뎌햐

신라시대 무덤에서는 전 세계적으로 유례가 없을 정도로 많은 금 귀걸이가 출토되고 있으며, 이러한 귀걸이는 특히 5-6세기에 걸쳐 다양하게 변화하면서 발전한다.

귀걸이는 중심 고리의 굵기에 따라 굵은 고리와 가는 고리 귀걸이로 나뉜다. 굵은 고리는 얇은 금판을 오려 붙여 만든 것으로, 굵기에 비해 무겁지 않다.

신라 무덤에서 출토된 귀걸이 중 가장 정교하고 화려한 이 귀걸이는 신라인의 세련된 미적 감각과 금속 공예 기술의 정점을 보여준다.

중심 고리에는 수백 개의 금 알갱이로 이루어진 거북등무늬, 세잎무늬 등이 화려한 자태를 뽐내고 있다. 샛장식과 중심 고리를 연결하는 고리에도 금 알갱이로 세잎모양무늬를 꾸몄음을 볼 수 있다. 샛장식은 작은 고리를 연결해 둥글게 만들었고, 그 가장자리에 37개의 나뭇잎 모양의 달개를 달았다. 나뭇잎 모양의 달개와 가장 아래에 달려 있는 나뭇잎 모양의 드리개에도 새김눈테와 금 알갱이를 붙여 장식했다.

GOLD EARRINGS

From the tombs of Silla period, the internationally unprecedented number of gold earrings was excavated.

These earrings were found in Couple's tombs in Bomun-dong, Gyeongju. They are the most elaborate and magnificent earrings among Silla earrings in that they display elegant taste of Silla and the prime craftsmanship of metal arts of Silla.

015
—

신라 6세기

출토지 | 경주 부부총

길이 8.7cm

국보 90호

—

Silla, 6th century

L 8.7cm

National Treasure No. 90

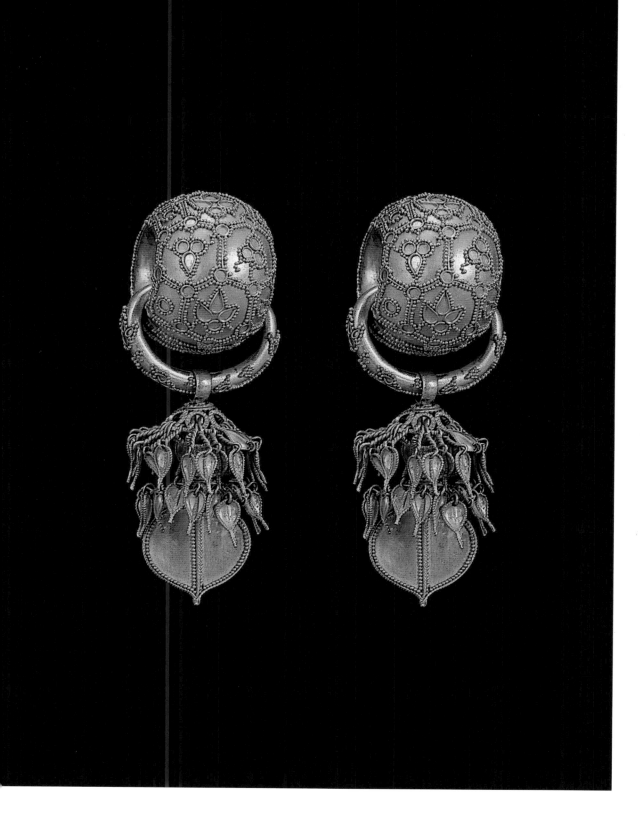

말 탄 사람 토기 騎馬人物形土器

이 토기의 형태는 말을 탄 사람의 모습을 하고 있다. 하지만 말의 가슴과 엉덩이 위에 물을 붓고 따를 수 있는 구멍이 뚫려 있는 것으로 보아, 주전자와 같은 용도로 사용되었음을 알 수 있다.

말을 탄 사람의 차림새나 크기, 말갖춤 등에 차이가 있는 것으로 보아 서로 신분이 다르다는 걸 알 수 있다. 주인으로 추정되는 인물은 장식된 삼각형 형태의 모자와 갑옷을 입고 있고, 왼쪽 허리에는 칼을 찬 늠름한 모습을 취하고 있다. 말갖춤도 말띠드리개(杏葉), 말띠꾸미개(雲珠), 안장, 발걸이(鐙子), 다래(障泥) 등을 완전하게 갖추고 있다. 특히 말 이마에 뿔과 같은 것이 붙어 있는 점으로 미루어 의례용으로 특별히 제작된 것으로 보인다.

하인으로 보이는 인물은 상투를 틀어 올리고 윗옷을 입지 않고 있다. 오른손에는 방울을 흔들며 주인의 영혼을 안내하는 듯하며, 등에는 봇짐을 메고 있다. 말갖춤의 장식 역시 주인에 비해 간략하고 발걸이가 표현되어 있지 않다. 이처럼 경주 금령총에서 출토된 말탄 사람 토기는 인물 묘사, 옷 차림새, 말갖춤에 대한 상세한 정보를 제공해 주는 중요한 자료이다.

HORSE RIDER-SHAPED VESSELS

These vessels have shapes of horse riders. But since there are holes in the chest and rump of the horse, they are believed to have been used just like a kettle.

Since horse riders' clothes, size, and decoration were quite different, it is presumed that their classes were different. The person who is assumed to be a master, wears a triangle-shaped hat and an armor and a sword at his left waist. And his decoration for a horse is composed of ornaments, saddle, footrests, and so on. Especially there is a horn-shaped ornament on the forehead of a horse.

The other person who seems to be a servant, did his hair up into a topknot and was naked in his torso. He is waving a bell to lead his master's spirit and is carrying a bundle on his back. His ornaments for a horse are quite simple.

016
—

신라, 6세기
출토지 | 경주 금령총
높이(왼쪽) 26.8cm
국보 91호

—

Silla, 6th century
H(Left) 26.8cm
National Treasure No. 91

토우 붙은 항아리 土偶附長頸壺

토우는 흙으로 빚어 만든 인형이다. 사람, 동물, 생활 도구 등의 형상을 본떠 만들어 당시 서민들의 민간 신앙과 풍부한 감정을 잘 표현하고 있다. 짐을 메고 가거나, 춤추고 노래하고 악기를 연주하는 인물부터 남녀의 성교性交 장면까지 연출되는 등 당시 서민들의 소박하고 솔직한 모습을 통해 다산과 풍요를 기원하는 주술적인 의미를 엿볼 수 있다. 또한 말, 돼지, 호랑이, 멧돼지, 뱀, 새, 게, 개구리, 물고기 등 육지 동물부터 어패류까지 다양한 종류의 동물 토우도 발견되고 있다.

토우가 붙은 이 항아리는 아가리와 항아리 밑부분이 찌그러지고 표면에 기포가 있지만, 완벽한 개체로 남아 있어 토우 붙은 항아리로서의 그 가치가 매우 높다고 할 수 있다.

목 부분에 물결무늬와 원무늬가 2단으로 나뉘어 있고, 그 위에 남자와 뱀, 개구리가 연속적으로 단조롭게 붙어 있다. 남자는 오른손으로 남근男根을 잡고, 왼손에는 막대기가 들려 있으며, 뱀은 개구리의 뒷다리를 물고 있다.

이러한 토우는 통일신라시대로 접어들면서 점차 독립적인 성격이 강해지고, 인물이나 물건의 형태를 보다 더 사실적으로 묘사하는 방향으로 발전한다.

JAR WITH FIGURINES

These figurines are made of clay. Modeled after people, animal, daily life tools and so on, these figurines express a folk belief and emotion at that time. Figurines that describe everyday life have symbolic meanings of fecundity and abundance.

This jar with clay figurines attached is well preserved. Its neck comprises two tiers of wave and circle patterns. Above them, a man, a snake, and a frog are attached consecutively. A man is holding his penis with his right hand and a stick with his left hand. A snake is biting a hind leg of a frog.

017

—

신라, 5세기
출토지 | 경주 노동동
높이 40.1cm
국보 195호

—

Silla, 5th century
H 40.1cm
National Treasure No. 195

짐승얼굴무늬 기와 怪獸面瓦

짐승얼굴무늬 기와는 질병이나 악귀의 침입 없이 생활하고자 하는 신라인의 소망이 담겨 있는 기와이다. 부리부리한 눈과 억센 들창코, 날카로운 송곳니와 이마의 뿔 등, 그 모습을 바라만 보아도 두려운 마음이 든다.

이러한 형태의 기와는 '도깨비무늬 기와(鬼面瓦)', 또는 '용무늬 기와(龍面瓦)' 라 불리기도 한다. 건물의 마루와 사래 끝에 설치했는데, 미간에 못을 박아 고정시킬 수 있도록 구멍이 뚫려 있는 것과, 줄로 동여 맬 수 있도록 뒷면에 고리가 달려 있는 것도 있다. 이 유물의 이마에 뚫려 있는 구멍도 건물 지붕의 끝에 부착하기 위한 것이다.

이 기와가 출토된 안압지雁鴨池(月池)는 『삼국사기』에 따르면 674년에 완공된 인공 연못으로, 신라의 태자가 머물던 동궁인 임해전臨海殿에 부속된 연못이었다고 한다. 이곳에서는 수만 점의 유물이 출토되었는데, 각종 생활 도구와 함께 다량의 기와가 발굴되었다. 출토 유물은 통일신라 최상류층의 생활을 보여준다고 할 수 있는데, 이 기와 역시 표면에 녹유綠釉를 입힌 점이나 생동감 있는 짐승 얼굴의 표현 등에서 당대 최고의 완성도를 보여준다.

ROOF TILE WITH BEAST DESIGN

This roof tile with beast design has a symbolic meaning of leading a peaceful life without any disease and any evil spirit. Big eyes full of fire, a strong turned-up nose, and sharp dogteeth, and a horn of the forehead are scary enough to dispel an evil spirit.

This type of a roof tile is called as 'a roof tile with goblin design' or 'a roof tile with dragon design.' It was usually installed at the end of the ridge of the roof.

This roof tile was excavated from Anapji, an artificial pond that was built in 674 and attached to the east palace where a Silla crown prince stayed. In this pond, some ten thousand artifacts were found including bowls and everyday life tools and many roof tiles. These roof tiles were for protecting the palace where a crown prince stayed from evil spirits.

018
—
통일신라, 8-9세기
출토지 | 경주 안압지
높이 28.2cm

—

Unified Silla,
8-9th century
H 28.2cm

돌함과 뼈단지 石函·骨壺

이 땅에 불교가 전래된 이후, 신라에서는 거대한 무덤을 만들던 관습 대신 시신을 태워 산골散骨하는 화장火葬이 크게 유행했다. 삼국통일 이전에 이미 화장이 행해졌지만, 통일 후 지배층이 화장을 받아들이면서 본격적으로 수용한 것으로 생각한다.

화장 후 남은 재는 산야에 뿌리거나, 항아리에 담아 작은 구덩이에 묻었다. 뼈단지는 주로 뚜껑이 있는 단지 하나를 사용했지만, 일부는 큰 단지 안에 다시 작은 단지를 담기도 하였다.

이 뼈단지는 국보 125호로 일제시대에 강탈되었다가 한일국교정상화에 맞춰 우리나라로 반환되었다. 안의 단지는 표면에 녹유를 발라 구웠고, 꽃무늬 등을 그릇 전체에 도장을 찍듯이 찍어 화려하게 장식하였다. 바깥 돌함은 화강석 표면을 각이 지게 깎아 당시의 수준 높은 가공 기술을 보여준다.

뼈단지는 이 외에 집모양 토기를 사용하기도 했고, 당시 구하기 어려웠을 것으로 여겨지는 당삼채唐三彩 항아리를 이용하기도 했다. 또한 뼈 항아리 주변에 십이지신상十二支神像을 배치하거나, 뼈 항아리 자체에 십이간지명十二干支銘을 새겨 넣어 사후 세계의 불안을 떨치고자 하였다.

FUNERAL URNS

Since Buddhism had been introduced to the peninsular, cremation got popular in Silla. And after the unification, the ruling class took in cremation on a full scale.

Ashes left after cremation were scattered in the mountains and fields or kept in a jar and then buried in a hollow.

These funeral urns appointed as National Treasure No. 125, were extorted by Japan during the Japanese occupation, but returned to Korea on the occasion of normalization of diplomatic relations between Korea and Japan. The inner urn was glazed and flower patterns were stamped on its whole surface. The outer stone urn was carved angularly.

019

—

통일신라, 8세기
높이(뼈단지) 16.4cm
국보 125호

—

Unified Silla, 8th century
H 16.4cm
National Treasure No. 125

역사

歷史

HISTORY

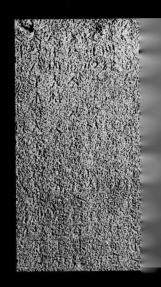

신라 진흥왕이 북한산 순수 후 세운 비
北漢山 新羅 眞興王 巡狩碑

6세기 중엽 신라는 대외적으로 크게 세력을 확장했다. 진흥왕(재위 540-576)은 새로 확보한 영토를 돌아보며, 여러 곳에 비를 세웠다. 북한산 신라 진흥왕 순수비는 그 중 하나다.

이 비는 555년 무렵, 지금의 서울 종로구 구기동 북한산 비봉 정상에 세워졌다. 북한산 순수비는 조선시대에 무학대사의 비로 알려져 있었는데, 1816년 금석학자 김정희金正喜(1786-1856)가 이 비를 조사한 후에 그 참모습이 밝혀지게 되었다. 비의 왼쪽 면에는 김정희가 밝혀낸 사실이 기록되어 있다.

THE STELE BUILT TO HONOR THE EXPEDITION OF SILLA'S KING JINHEUNG

In the middle of the 6th century Silla became strong and expanded its territory. King Jinheung surveyed his new territory and erected a stele on Mt. Bukhansan around 555 to signify his reign and Silla's power. In 1816 the stele scholar Kim Jeong-hui identified the period of the monument. The stele is a testament to King Jinheung's reign and the prosperity of Silla. It is now designated as National Treasure No. 3.

020
—
신라 진흥왕 16년(555년경)
154.0×69.0cm
국보 3호
—
Silla, 555
154.0×69.0cm
National Treasure No. 3

무구정광대다라니경 無垢淨光大陀羅尼經

현존하는 세계 최고의 목판인쇄물로서 1966년 경주 불국사 3층 석탑(일명 석
가탑) 보수를 위해 해체했을 때 다른 사리장엄구와 함께 탑 안에서 발견되었
다. 정확한 간행 연대는 알 수 없지만, 불국사 3층 석탑이 751년경 세워졌고,
이와 함께 출토된 사리장엄구舍利莊嚴具들이 신라시대 조형 양식과 특징을
보이는 점으로 미루어 다라니경이 인쇄된 시기 역시 이때로 추정된다.
너비 6.7-8.0cm, 전체 길이 약 620.0cm의 두루마리 형식이며, 1행 8-9자로 다
라니경문을 인쇄했다. 무구정광대다라니경은 죄를 없애고 수명을 연장하는
방법으로 이 경문을 외우거나, 작은 탑을 조성해 그 안에 다라니경을 안치하
는 두 가지 방법을 제시하고 있다.
일부에서는 다라니경이 당나라에서 인쇄되어 신라로 수출된 것이라는 주장
을 하지만, 다라니경의 종이는 우리나라에서 전통적으로 사용했던 닥나무로
만든 닥종이로, 삼베를 주요 원료로 하는 중국의 마지麻紙와는 뚜렷한 차이가
있다. 특히 이 다라니경은 새김이 정교하고, 글자체는 소박하면서도 아름다워
우리 인쇄 문화의 높은 수준을 증명해주는 귀중한 유물이다.

SPOTLESS PURE LIGHT DHARANI SUTRA

This is the oldest prints of wood printing blocks in the world. It was
found in the Seokgatap Pagoda in Gyeongju with other reliquary when
the pagoda was dismantled for restoration in 1966. The exact date of
printing was not known. However since the pagoda was erected in 751
and other reliquary showed the characteristics and style of Silla period, it
can be presumed that the print was produced around that same period.

021

—

통일신라, 8세기 중엽
6.7×620.0cm
국보 126호

—

Unified Silla,
8th century
6.7×620.0cm
National Treasure No. 126

白必當令我乐娑羅
門聞是語巳心懷慈
仙救烏羅祢畏作是
當依誰撲作救我念
門罪累
一切智慧

事作是念巳即往
觀如来竟欲諮問
而懷猶豫時輝迎
如来於三匝去无不明
見知彼　門空
念巳乎

佛匠於眾會之前遶

可畏憂阿鼻地獄
従此復入十六地獄
正已復受游陟羅身
命終之後復生猗中
恒居具　一食麦
受八苦

時
撒壽
又八苦

醜形黑瘦就枯稿
疰人不毒覺其咽
叛刺恒之之飲食甚
人掿打受大苦惱
時婆羅門開是

부처님의 보배로운 말씀을 모은 책
大寶積經

고려 현종(재위 1009-1031) 때 부처님의 힘으로 거란의 침입을 물리치기 위해 제작된 초조대장경初雕大藏經으로 찍은 목판본 중 하나다.

대보적경은 대승불교大乘佛敎의 여러 경전에서 중요한 경만을 모아 49개 주제로 엮은 것으로, 보살이 여러 가지 수행 방법을 통해 불법을 터득하고 깨달음을 얻어 부처가 되어야 함을 강조하고 있다. 713년 당나라의 보리유지菩提流志 등 17명이 한문으로 번역했다.

이 판본板本은 대보적경 총 120권 가운데 문수사리보살이 부처님으로부터 수기를 받게 된 인연 이야기가 실려 있는 '문수사리수기회文殊師利授記會'에 해당하는 제59권이다. 세로 30.0cm, 가로 47.0cm의 닥종이를 23장 이어 붙여 인쇄했으며, 본문 가운데 송나라 태조의 할아버지 이름인 경敬 자의 마지막 한 획이 생략되어 있는 등 초조대장경의 특징이 잘 나타나 있다.

022
—
고려, 11세기
30.0×47.0cm(1매)
국보 246호
송성문 기증

—
Goryeo, 11th Century
30.0×47.0cm
National Treasure No. 246
Song Sung-moon Collection

一善於法義謂於六
能解了二能廣宣說
聞積集三具足無畏

MAHARATNAKUTA SUTRA

This book, entitled Daebojeokgyeong or 'Maharatnakuta Sutra', is a collection of important passages selected from the major scriptures of Mahayana Buddhism. The book, translated into Chinese in 713 by a group of Tang scholar-monks including Bodhiruchi, was part of the first edition of the Goryeo Tripitaka woodblocks. The content of the book includes the episode in which Manjusri Bodhisattva heard a revelation about the future from Shakyamuni, the historic Buddha.

고려의 관리 허재의 석관 許載 石棺

고려 중기의 문신 허재(1062-1144)의 석관으로, 크기가 작다. 이는 당시 불
교의 영향으로 화장이 유행했음을 보여준다.
관 외부에는 현무, 백호, 주작, 청룡의 사신과 쥐, 소, 말 등 12신을 새겼다. 신
神이 죽은 영혼을 지켜주기를 바라는 소망을 담은 것이다. 관 내부에는 주인
공 허재의 일생을 기록한 묘지墓誌가 빼곡하다.

STONE COFFIN FOR HEO JAE

This is the stone coffin of Heo Jae, a Goryeo Dynasty scholar. It seems
small for a coffin, but coffins were made smaller in that period. The four
directional deities - tortoise, white tiger, phoenix and blue dragon - and
the twelve zodiacal animals are inscribed on the exterior of the coffin.
These are auspicious symbols.

023

—

고려 인종 22년(1144)
37.0 × 93.0 × 54.3cm
(세로×가로×높이)

—

Goryeo, 1144
37.0 × 93.0 × 54.3cm

100 HIGHLIGHTS

조선 개국 2년 전에 만든
조선 태조 임금 이성계 호적 太祖 李成桂 戶籍

이 호적은 고려 공양왕 2년(1390), 즉 조선 개국 직전에 이성계의 고향인 함경도 화령和寧 (오늘날 함경남도 영흥)에서 작성되었다. 조선 태조 이성계李成桂 (1335-1408, 재위 1392-1398)가 태어난 영흥에 지은 사당 준원전濬源殿에 대대로 보관되었다가 일제강점기에 서울로 옮겨졌다.

호적의 내용은 모두 세 부분으로 이루어졌다. 첫째 내용은 이성계의 가족과 공양왕 2년(1390) 12월에 왕이 동면東面 덕흥부德興部의 사심관事審官 이성계에게 하사한 노비 20여 명의 호적 대장戶籍臺帳이다. 둘째는 호적 작성의 경위와 그 작성 지침에 대한 내용을 담고 있다. 셋째는 이성계와의 관련 여부를 확인할 수 없는, 개성에 거주했던 것으로 추정되는 30여 호의 호적 대장이다.

고려 시대에는 양반이 3년마다 한 번씩 호적 2본本을 작성해, 하나는 관청에 두고 하나는 본인이 보관하게 했다. 따라서 이 호적은 이성계 자신이 보관하던 것으로 보인다. 특히 이 호적에는 이성계의 관직, 자녀, 형제, 노비, 토지 등이 수록되어 있다.

REGISTER OF KING TAEJO

This is the oldest paper document in the collection owned by the National Museum of Korea. It is bound with a scroll. The length of one page is 55.7cm and six attached pages are 386.0cm.

Made in Hamgyeong-do province, the hometown of King Taejo, it consists of three parts: first, the register of twenty private slaves given to Yi Seong-gye(李成桂, later King Taejo) by the king of the Goryeo Dynasty, December 17, 1390. The second consists of details and a guide to the register. The third part is the register of thirty houses located in Gaeseong, but their relationship with Yi Seong-gye could not be traced. This register is a valuable source for studying the system of house registry of the Joseon Dynasty.

024
—
고려 공양왕 2년(1390)
55.7 × 386.0cm
국보 131호
—
Goryeo, 1390
55.7 × 386.0cm
National Treasure No. 131

손으로 쓴 화엄경
橡紙銀泥大方廣佛華嚴經 貞元本〈卷四〉

불교에서 경전을 일일이 손으로 쓰는 것을 '사경' 이라 한다. 사경은 많은 정성이 필요해 공덕功德을 쌓는 행위로 여겨졌다. 이 전시품은 흔히 화엄경으로 일컬어지는『대방광불화엄경大方廣佛華嚴經』을 사경한 것으로, 당唐 나라의 승려 반야般若가 번역한『정원본貞元本』40권 중 제4에 해당한다. 표지에 금니로 정貞이라 쓰여진 것은 정원본임을 표시한 것이다. 경전의 본문은 은니銀泥로, 표지의 제목은 금니金泥로 썼고, 상수리 열매로 염색한 고급 종이를 사용했으며, 병풍 모양으로 펼치게 되어 있다.

이와 같이 화려하게 제작된 사경은 불교를 숭상하던 고려시대에 많이 전해진다. 이 전시품은 14세기의 것으로 추정되지만, 사경의 경위를 기록한 사성기寫成記와 변상도는 전하지 않아 아쉬움을 남긴다.

025
—
고려 말, 14세기
30.9×12.3cm (절첩장折帖裝)
31.0×61.0cm (펼침)
보물 1137호
—
Goryeo, 14th century
30.9×12.3cm(folded)
31.0×61.0cm(unfolded)
Treasure No. 1137

HANDWRITTEN AVATAMSKA SUTRA

Copying the scriptures by handwriting is called as 'Sagyeong' in Buddhism. Since 'Sagyeong' took a lot of efforts, it was considered as deed for accumulating virtues. It is assumed to be produced in 14th century.

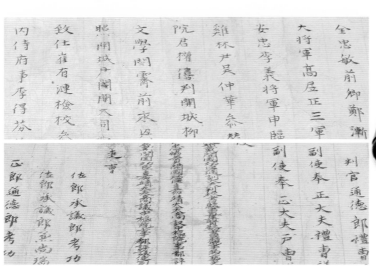

진충귀에게 내린 조선 개국원종공신 임명 문서
朝鮮開國原從功臣陳忠貴錄券

조선 시대 태조 4년(1395) 공신도감功臣都監에서 의주목사 진충귀를 개국원종공신으로 임명한 문서이다. 이 문서에는 개국공신開國功臣의 명단이 기재되어 있고, 이들 공신에게 각각 전답과 노비를 하사하고, 부모와 아내에게 벼슬을 내리며 후대 자손에게도 길이 벼슬을 주겠다는 내용이 쓰여 있다.

이 녹권에서 보듯 조선개국원종공신은 모두 106명으로, 권말에 공신도감 및 녹권 발급에 관여한 임원任員 15명의 직함과 이름, 수결手決(사인)이 있다.

진충귀는 그의 형인 진의귀陳義貴와 함께 전라도 익산에서 태어나 고려 말부터 조선 초기에 걸쳐 활약하였다.

진충귀의 녹권과 왕지王旨(보물 1161호)는 600여 년간 전라북도 익산 삼척 진씨三陟 陳氏 종손가에 소중하게 보존되었다가, 지난 1996년 함께 기증되었다.

● 왕지(王旨) | 조선 초기에는 교지를 왕지라고 불렀다.

026

—

조선 태조 4년(1395)

30.8×634.0cm

보물 1160호

송성문 기증

—

Joseon, 1395

30.8×634.0cm

Treasure No. 1160

Song Sung-moon Collection

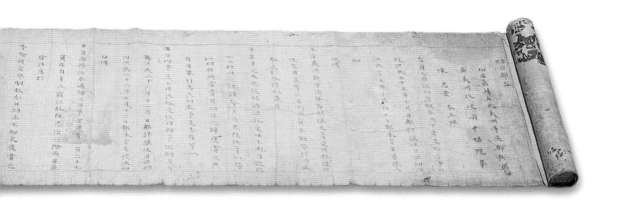

Document Regarding the Appointment of Jin Chung-gwi as a Meritorious Retainer

This scroll, a nokgwon or 'certificate of annual stipend', was awarded to a governor of Uiju named Jin Chung-gwi when King Taejo made him a Minor Meritorious Subject for the Foundation of the Dynasty. The certificate was awarded to him in 1395 when King Taejo established a special government office known as the Gongsin Dogam, or 'Directorate of Meritorious Subjects', to honor those of his followers who had contributed to the foundation of the Joseon Dynasty.

The text of the certificate starts by declaring that the king "appoints Jin Chung-gwi, presently a Gajeong Lord of the Second Grade Minor and governor and commander-in-chief of Uiju, whose clan seat is in Samcheok, as a Minor Meritorious Subject for the Foundation of the Dynasty." The sentence is then followed by the judgment to appoint the Directorate of Meritorious Subjects and a list of the names and posts of the other meritorious subjects. The certificate ends with the names and signatures of the officials in charge of affairs in the Gongsin Dogam.

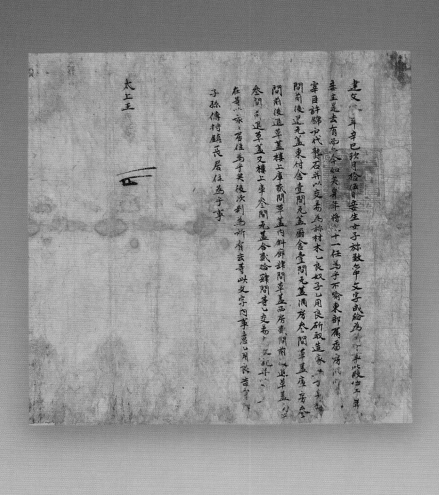

太上王

建文□年字巳玖月拾伍日妾生女子孫數年文字貳給爲□□□□後位五年
妾主是去有而令如矣身年將以十一任爲子不愉東部爲番房洞內
宰目許歸中代熊石幷以売易爲斜材木一良奴子以用良研取造家十丁身幾
間前後近元盖東付合壹間元盖冊舍壹間元盖涌房叁間草盖虛房叁
間前後退草盖樓上庫貳間草盖內斜卧間草盖西房舍開前以退草盖少
叁間□退草盖又權上東叁間元盖合貳拾肆間等以交易□文記幷以一
在等以永々居住爲乎矣後次到爲斫有去等以文字肉事應以用良吉□□
子孫傳持顧氐居住爲乎事

태조 이성계가 딸에게 재산을 내려주는 문서
太祖 李成桂 別給文書

태종 1년(1401) 왕위에서 물러나 태상왕으로 있던 태조 이성계가 후궁에게서 얻은 딸 숙신옹주에게 가옥과 토지를 내려주는 문서다. 한성부 동부東部 향방동香芳洞에 있는 재신宰臣 허금許錦의 집터와 그 석재를 사들이고, 재목은 노비를 시켜 잘라내 사용하라는 내용이 적혀 있다. 가옥 배치에 관해서는 몸채, 부엌, 술방酒房, 창고, 다락방, 사랑 등 건물의 종류와 칸수, 그리고 그 건물의 초가와 기와의 구별 등을 구체적으로 적었다. 마지막으로 그 자손이 영원히 이 집에서 살 것을 당부하고 있다. 원문이 끝난 다음에는 간격을 비워놓고 줄을 올려 '태상왕太上王'이라 쓰고, 그 아래 태조가 직접 서명했다.

일부를 번역하면 다음과 같다.

> 건문建文 3년(1401) 신사년辛巳年 9월 15일 첩妾의 소생인 며치에게 상속 문서를 작성해 준다. 비록 며치가 나이 어리고 첩에게서 난 딸이지만, 지금 같이 내 나이 장차 일흔이 되는 마당에 가만히 있을 일만은 아닌 듯하다. 동부東部에 있는 향방동香房洞의 빈터는 돌아간 재상 허금許錦의 것으로 잘 다듬어진 주춧돌과 함께 샀으니, 집은 종들을 시켜 나무를 베어다가 짓도록 하여라.
>
> _이하 생략

TESTAMENT BY KING TAEJO TO HIS DAUGHTER, PRINCESS SUKSIN

Testament by King Taejo to his daughter, Princess Suksin, was dated in 1401(the 1st year of the reign of King Taejo). When King Taejo, the founder of the Joseon Dynasty, abdicated from his crown, he fathered a daughter from a concubine and made this testament to give her a house and land. In the testament, King Taejo left instructions that the princess should buy the house of a minister, Heo Geum and let slaves cut the wood that would be needed to repair the house. Finally, he wished that his daughter and her future descendants would live at that house forever.

027
—
조선 태종 1년(1401)
56.5×55.5cm
보물 515호
—
Joseon, 1401
56.5×55.5 cm
Treasure No. 515

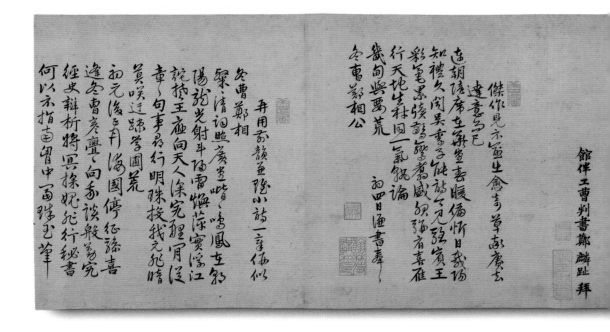

조선의 학자와 중국의 사신이 주고받은 시
奉使朝鮮倡和詩卷

이 두루마리는 세종 32년(1450) 명明 나라 경제景帝의 등극을 알리기 위해
조선에 사신으로 온 예겸倪謙과 예겸 일행을 맞이한 조선의 원접사遠接使 정
인지鄭麟趾, 신숙주申叔舟, 성삼문成三問 등이 주고받은 시부詩賦를 추려 엮
은 것이다.

시권은 3부분으로 구성되어 있다. 맨 앞에는 예겸과 동시대 사람인 왕숙안王
叔安이 전서篆書로 쓴 '봉사조선창화시책奉使朝鮮倡和詩冊'이라는 제목의
글씨가 쓰여 있고, 다음에는 예겸과 정인지 등이 주고받은 부賦 2편과 시詩 35
수가 친필로 쓰여 있으며 인장이 함께 날인되어 있다. 뒤쪽에는 청淸 당한제
唐翰題와 나진옥羅振玉의 발문跋文이 실려 있다.

이 시권은 대명외교對明外交의 현장에서 이루어진 문학적 교류를 집약적으
로 보여준다는 점에서 그 가치가 매우 높다. 뿐만 아니라 모두 친필이란 점에
서 조선 초기 서예사 연구에 있어서도 귀중한 자료로 평가된다.

028
—
예겸(倪謙) 편
조선 세종 32년(1450)
필사본(筆寫本)
33.0×1,600.0cm
보물 1404호
—
Ni Qian ed.
Joseon, 1450
Manuscript
33.0×1,600.0cm
Treasure No. 1404

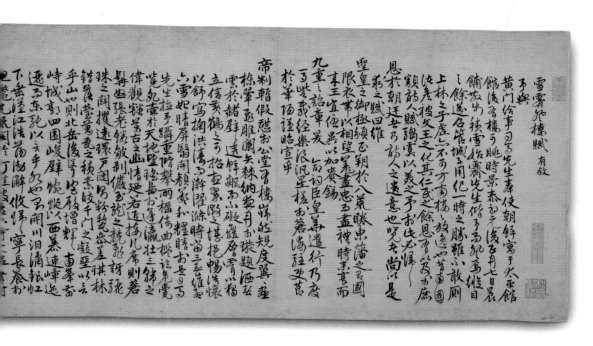

COLLECTION OF POEMS BY THE MING ENVOYS AND JOSEON ACADEMIANS

In 1450 (the 32nd year of the reign of the King Sejong), the Ming Dynasty China sent envoys to announce the accession to the throne of Emperor Jingdi. The Chinese envoy Ni Qian exchanged poems with scholars of the Joseon Dynasty. Jeong In-ji was among them. The exhibited collection contains 35 poems and can be rolled up for safekeeping.

Along with Jeong In-ji, Seong Sam-mun and Shin Suk-ju exchanged poems with the Chinese diplomat. On the front page of the book, the Chinese minister Wang Shuan wrote in seal style an article titled a Collection of Poems by the Ming Envoys and the Joseon Academicians. After the Chinese diplomatic trip with Ni Qian, envoys of the Ming Dynasty and the minister of the Joseon Dynasty began to exchange poems. It reveals the cultural exchange between the scholars of Joseon and the Ming Dynasty China.

右

誓願은欲令一切衆生로如我等無異케호리라

라ᄒᆞ나ᄂᆞᆫ法華애을取ᄒᆞ니라

릴라ᄒᆞ니그

普願은

곤니호

라ᄒᆞ시니

皆依無始淸淨願力이니라○淸淨願始力

트ᄂᆞ니라

菩薩이因地之時에必發度生之願ᄒᆞ시ᄂᆞ니

乘此願力ᄒᆞ샤所生之處에更不退轉ᄒᆞ샤

若疲倦ᄒᆞ거든即憶昔願ᄒᆞ샤以自策勵ᄒᆞ샤所

悟ᄒᆞ야有發와不發은即無始라ᄒᆞ니

이性本具之라非別新得이어시니但由迷

淨이云無始者ᄂᆞᆫ同體大悲와稱性大願

希望報恩이며亦非愛見之悲故로言淸

爲一不是隨情故로云皆依願力이라又非

疏最初發菩提心者ᄂᆞᆫ悲智願三是菩提之

體故로最初發菩提心者必須具足如金剛之

此者昔發心與今發心이何如오ᄒᆞ야今初發

最初發心時에說四生九類皆令入涅槃心行

是昔校量功德云如邪如今發心時即發

不驚不怖隨愧自策勵自勵而求常則捨之

不是隨情者愛則度之增則捨之故로作爲所

下作即行如願之增所為所故下作

부처의 큰 깨달음에 대한 가르침
大方廣圓覺修陀羅了義經

원각경의 원래 이름은 『대방광원각수다라요의경』으로 '크고, 방정하고 광대한 원각圓覺을 설명함이 모든 불교 경전 중에서 으뜸이 되는 경' 이라는 뜻이다. 이를 줄여 『대방광원각경』, 『원각수다라요의경』, 『원각요의경』, 『원각경』이라고 부른다.

이 책은 조선시대 불경을 간행하기 위해 임시로 설치된 간경도감에서 세조 11년(1465) 판각, 간행한 『대방광원각수다라요의경』의 한글 번역諺解이다. 간경도감에서 번역한 불교 서적 가운데 원각경은 전하는 것이 드문 까닭에 한글 연구에 있어서도 중요한 가치를 지니고 있다. 아울러 이 불경은 선종 계열로서 사찰 강원講院의 필수 과목에 들 정도로 불교 경전 중에서 상당히 중요한 위치를 차지한다. 경전의 내용은 깨달음(覺)의 단계와 범주에 관해 부처와 보살이 묻고 답하는 형식으로 되어 있다.

PRASAMMARTHA SUTRA

The original title of Wongakgyeong(The Perfect Enlightenment Sutra) means 'the prime scripture among all the Buddha sutras as it explains the big, upright and enormous enlightenment'. It is called Daebanggwang-wongakgyeong, Wongak-sudara-youigyeong, and Wongak-youigyeong.

The first draft translation of the Perfect Enlightenment Sutra was designated as Treasure No.970. The sutra provides the readers with basic direction of Buddhist training through the conversation of Buddha and Bodhisattva.

Wongakgyeong is valued as a precious scripture that provides basic instruction in the practice of austerities by teaching both 'wongak', the highest state of enlightenment in a sermon method of dongyo(a type of sermon that shows the truth as it is) and the path to ascetic exercise and enlightenment in a sermon method of jeomgyo.

029
—
조선 세조 11년(1465)
32.7 × 23.7cm
보물 970호
—
Joseon, 1465
32.7 ×23.7cm
Treasure No. 970

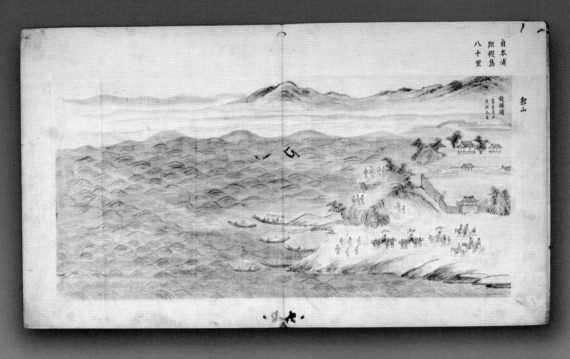

自本浦距鰲嶼八十里

郭山

鰲嶼浦

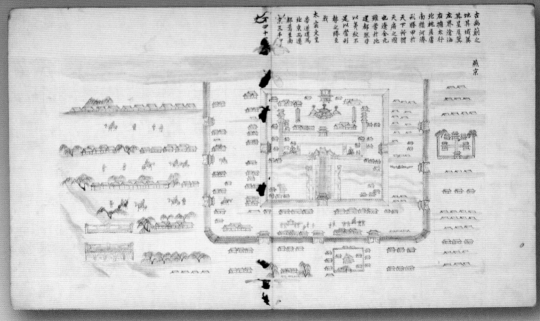

燕宗

古幽劉之
地其城箕
其星尾箕
左界滄海
北推右行
南橫河溥
我勝甲作
天下所聞
天府之圖
曲邊金元
雖聲什此
建都張守
以算秘不
足以營形
静之勝玄
我宗文皇
帝遂遷爲
北京西邊
郭壽皇南
序三千

四十里

명나라로 가는 바닷길 航海朝天圖

조선 인조의 책봉을 요청하기 위해 인조 2년(1624)에 명나라에 파견된 이덕형李德泂 일행의 사신 행차길을 담은 그림이다. 모두 25점으로 이루어진 이 그림은 당시의 그림을 토대로, 18세기 후반부터 19세기 전반 무렵에 모사한 것으로 추정된다.

사행로는 곽산郭山의 선사포旋槎浦를 출발해 가도椵島, 녹도鹿島, 석성도石城島 등을 거쳐 등주登州에 이르는 바닷길을 이용했고, 등주에서 연경燕京에 이르는 행로는 동래東萊, 청주靑州, 제남濟南, 덕주德州, 탁주涿州 등을 거치는 육로를 이용했다. 당시 서장관書狀官으로 함께 갔던 홍익한洪翼漢의 『화포선생조천항해록花浦先生朝天航海錄』에는 사행의 규모와 그 과정에서 일어난 갖가지 일화가 보다 구체적으로 적혀 있다.

한편 그림의 끝부분에는 훗날 바닷길을 이용해 사행할 자들에게 도움을 주기 위해 자신의 사행길을 그림으로 그리게 했다는 이덕형의 글이 적혀 있다.

PAINTINGS OF THE JOSEON ENVOYS TO MING BY SEA

This painting is about the scene of Ambassador Yi Deok-hyeong along with other Joseon envoys visiting the Ming court in 1624 to request confirmation of the newly crowned King Injo. This painting composed of 25 leaves was presumably painted by a royal artist who accompanied the entourage.

The envoy began at Seonsapo in Gwaksan. They then traveled past Gado island, Nakdo island, and Seokseongdo island to Dengzhou by a sea route. From Dengzhou they traveled along the overland past Donglai, Qingzhou, Jinan, Dezhou, and Zhuozhou to Beijing. At the end of the painting, Yi Deok-hyeong wrote his guidance advice to future envoys, recommending that they make the journey by ship as much as possible.

030

—

이덕형(李德泂) 편
조선 인조 2년(1624)
41.0 × 68.0cm

—

Yi Deok-hyeong ed.
Joseon, 1624
41.0 × 68.0cm

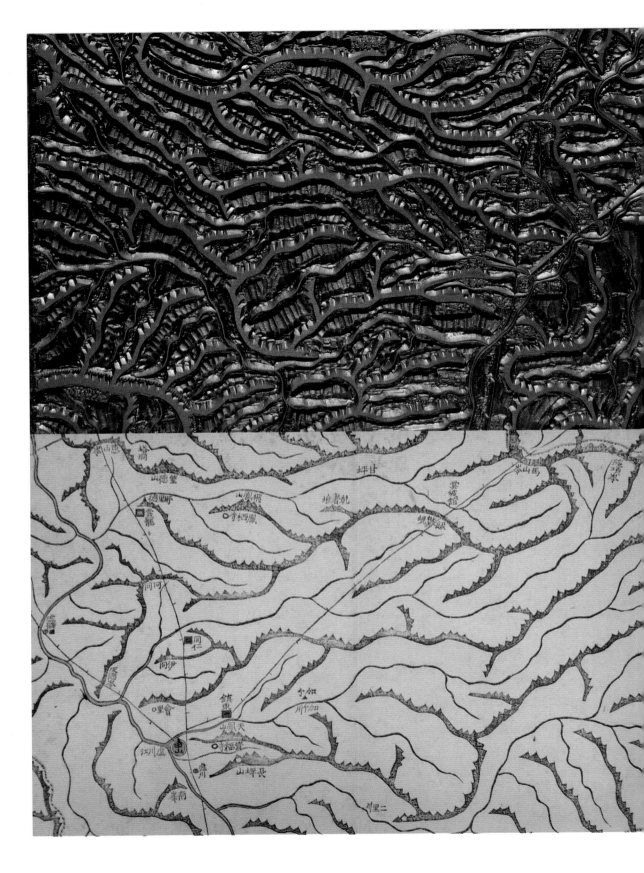

대동여지도를 찍어낸 목판 大東輿地圖 木板

김정호가 대동여지도를 인쇄하기 위해 제작한 목판이다. 판각의 기법이 매우 정교하며, 각종 지리 정보를 상세히 기록했다. 목판의 재질은 피나무로, 숭실 대학교 박물관 소장품과 같은 재질이다. 목판의 앞뒷면에 모두 판각이 되어 있다. 목판이 완성된 것은 1861년이지만, 그 후 여러 차례 수정 작업을 거친 흔적이 목판에 남아 있다.

대동여지도는 지리 지식의 보급을 위해 목판으로 인쇄한 지도이다. 우리나라 전체를 남북 120리 간격으로 구분해 22층으로 나누고, 각 층마다 동서 방향의 지도를 수록했다. 각 층의 지도는 1권의 책으로 묶어 동서 80리를 기준으로 접고 펼 수 있도록 만들어 휴대가 간편하고, 보기 쉽게 만들었다. 이렇게 제작 된 22권의 책을 모두 펼쳐 연결하면 세로 약 6.7m, 가로 약 3.8m의 대형 우리 나라 지도가 구성된다.

대동여지도에는 산줄기와 물줄기가 상세하고 정확하게 표현되어 있고, 다양 한 인문적 요소가 오늘날의 지도처럼 다양한 기호로 표기되어 있다. 상세하게 기재된 교통로에는 10리마다 점을 찍어 여행상의 편의를 도모했다. 이는 근 대적인 측량 기술로 제작된 지도와 비교할 때에도 손색이 없는 것으로, 우리 민족의 지도 제작 전통이 집대성된 최고의 지도라고 할 수 있다.

WOODBLOCK PRINT OF THE DAEDONGNYEOJIDO

These are woodblocks of Daedongnyeojido engraved by Kim Jeong-ho. They were produced in 1861 and then retouched several times afterwards. The woodblock was made from linen trees.

Made by Kim Jeong-ho(ca. 1804-ca. 1866), the Territorial Map of the Great East (Daedongnyeojido) is one of the greatest maps that were produced in late Joseon. On this map the national territory is divided into 22 sections running approximately 120 ri from north to south, with each section designed to form a single volume when folded.

031

—

김정호(金正浩, 1804?-1866?)

조선 철종 12년(1861)

32.0 × 43.0cm

—

Kim Jeong-ho

(ca. 1804 - ca. 1866)

Joseon, 1861

32.0 × 43.0cm

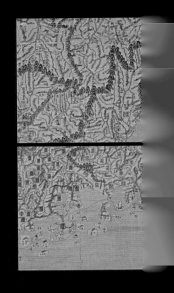

우리나라 전국 지도 東國大全圖

동국대전도는 정상기鄭尙驥(1678-1752)의 동국지도東國地圖에 기초해 제작한 우리나라 전국 지도이다. 그 전까지 제대로 표현되지 못했던 북부 지방이 이 지도로 말미암아 비로소 정확한 모습을 갖추게 되었다. 또한 이 지도에는 정상기가 직접 고안한 '백리척百里尺'이 활용되어 그 정확도가 획기적으로 높아졌다. 읍성邑城, 병영兵營, 수영水營 등의 다양한 지리 정보를 기호로 표현한 점도 이 지도의 특징 중 하나다. 육로와 해로 등 주요 교통로를 붉은 선으로 표기해 교통도나 해도海圖의 역할도 겸하고 있다.

정상기는 조선 영조 때의 지리학자로 우리나라 지도 발전에 중요한 업적을 남긴 인물이다. 그는 일종의 축척인 '백리척'을 고안해 과학적인 지도 제작에 새로운 장을 연 것으로 평가된다. 그와 그의 아들 정항령鄭恒齡이 제작한 지도는 그 당시 정부에서 제작한 지도에 비해 더욱 우수한 것으로 평가받았을 정도이다. 그의 지도는 이후 김정호의 대동여지도 제작에도 커다란 영향을 미쳤다.

COMPLETE MAP OF THE EASTERN STATE

Jeong Sang-gi (1678-1752) produced the Complete Map of the Eastern State (Joseon) in the mid-18th century. Jeong employed a scaling device that greatly enhanced overall accuracy. Symbols are used to mark important geographical information; main overland and sea routes are shown.

Jeong Sang-gi was a geographer during the reign of King Yeongjo. His innovative '100-ri ruler' was a breakthrough in Joseon cartography, and the map he and his son made was superior to their contemporary government-made maps. It greatly influenced Kim Jeong-ho when he created the Territorial Map of the Great East (Joseon) in 1861.

032
—
작자 미상
조선, 1755~1767년
272.7×147.5cm

—
Joseon, 1755-1767
272.7×147.5cm

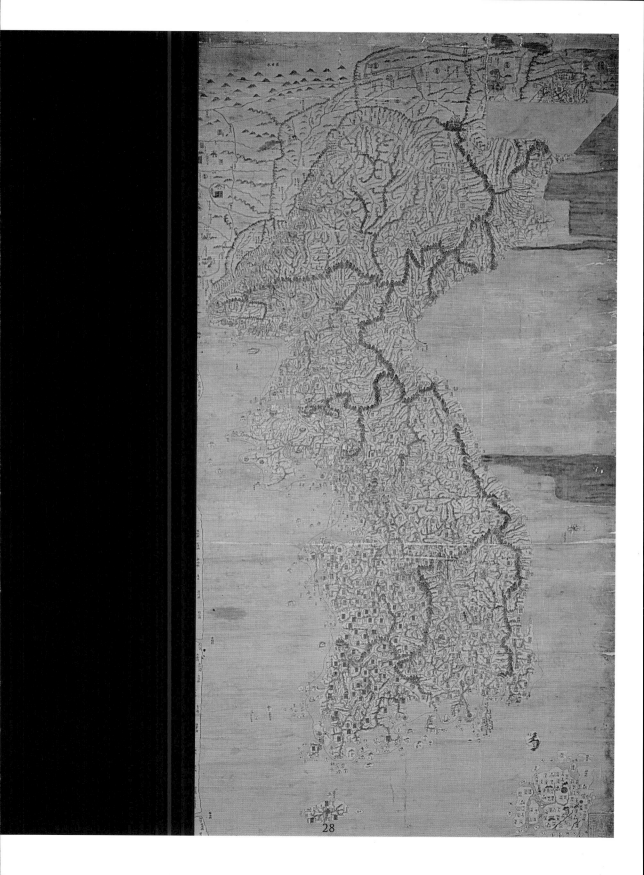

호패 號牌

조선시대에는 고위 관리부터 노비에 이르기까지, 16세 이상의 모든 남자는 호패를 차고 다니도록 규정되어 있었다. 호패에는 이름, 출생연도, 발행연도, 발행기관 등이 새겨져 있는데, 신분과 직책에 따라 호패의 재질과 기록 내용이 달랐다. 가령 숙종 3년(1677년)에 만들어진 『호패사목』에 의하면 호패의 재질은 2품 이상 고위 관리는 상아, 3품 이하 관리는 쇠뿔, 일반 백성은 나무를 사용하도록 규정하고 있다.

남자가 호패를 받았다는 것은 그가 곧 호적과 군적에 올라 병역과 부역의 의무를 지게 된다는 것을 뜻했다. 그러나 신분이 알려지면 세금이나 징집을 피할 수 없었기 때문에 백성들은 호패 사용을 기피했다고 한다. 이로 인해 정부에서는 백성들이 호패를 차도록 권장하기 위해 호패를 위조하면 극형을 내리고, 호패를 차지 않으면 엄벌에 처하도록 하는 등의 처벌 법규를 만들어 시행했다. 또한 호패가 없는 자는 아예 민원을 청구하거나 소송을 제기하지 못하도록 했다.

벼슬을 받지 못한 유생의 호패
—
Identification Tag of a
Confucian Scholar

IDENTIFICATION TAG

In Joseon period, every man in every class aged above 16 years should carry an identify tag. An identify tag had all the information on a person, such as name, the year of birth, date of issue, authority of issue and so on. And it was made of different materials according to class and job that a person held. For example, in 1677, an identify tag for an official above grade 2 was made of ivory, one for below grade 3, cow's horn, one for common people, wood.

The fact that a man receives an identify tag, means that he is now registered in the census registration and the muster roll, so he now becomes to have duties of military and compulsory services. So the common people did not want to carry their identify tags in order to evade those duties. To prevent this, the government enacted laws and regulations against identify tag forgery.

033
—
조선 후기
11.0×4.0cm 내외
—
Late Joseon
11.0×4.0cm

생원, 진사 호패

—

Identification Tag of Saengwon and Jinsa

고위 관리 김희의 호패

—

Identification Tag of Kim Hee(High Royal offical)

대한 제국 황태자 책봉 때 만든 금책
大韓帝國皇太子冊封金冊

금책은 왕실에서 만든 간책簡冊의 일종이다. 간책이란 대나무를 비롯한 나무, 돌, 금속으로 길쭉한 직육면체를 만들어 그 위에 글씨를 쓴 책冊을 말한다. 간책은 종이가 발명되기 전부터 동아시아에서 사용했던 오래된 책 형식을 말하는 것으로, 종이가 발명된 후에도 동아시아 왕실에서 격조와 의례를 요구하는 책으로 계속 제작되었다.

왕실에서 만든 간책은 신분에 따라 재질과 명칭을 달리했으며, 존호, 시호, 책봉문 등을 새겼다. 대개 금으로 만든 금책金冊에는 황제나 황후, 옥으로 만든 옥책玉冊에는 왕과 왕비, 대나무로 만든 죽책竹冊에는 세자 및 세자빈을 포함한 빈嬪의 책문冊文을 새겼다.

1896년, 조선 왕실은 왕의 호칭은 대군주, 왕비는 왕후, 왕대비는 왕태후, 세자는 태자, 세자빈은 태자빈으로 각각 호칭을 바꾸었다. 이 호칭은 조선이 제후 국가에서 장차 황제 국가로 바꾸려는 과정에서 나온 임시로 정한 호칭이었다. 이후 1897년 조선은 국호를 대한 제국으로 바꾸었고, 대군주는 황제, 왕후는 황후, 태자는 황태자로 고쳐 불렀으며 황실의 권위와 격식을 새롭게 정하였다. 이에 따라 황제, 황후, 황태자에게 새로 존호나 시호를 올리게 되었고, 바로 이때 이 금책을 만들게 되었다.

이 금책을 받은 황태자는 고종 황제에 이어 대한 제국의 마지막 황제 자리에 오른 순종 황제純宗皇帝이다.

GOLD BOOK FOR THE INVESTITURE OF THE PRINCE IMPERIAL

Joseon produced 'golden books' for the emperor, empress, and the crown prince after it became the Empire of the Great Han in the late 19th century. This golden book was made in 1897 when Emperor Gojong named one of his sons as the Crown Prince Imperial.

034
—
대한 제국 광무 1년(1897)
23.3×10.0cm

—

Empire of Korea, 1897
23.3×10.0cm

維光武元年歲次丁酉七月丁亥朔十

皇帝

若曰癸卯

若曰豎重長編根本鞏固一有元良萬

世之福洛頒王太子折仁孝慈儉德業

鳳說學有經屏庵智日新承訓清燕之

眼聰達政教叶吉离明之氣頌騰謳歌

紀行篤誠光贊克著遜者實位王名制

度載新今冊爾為皇太子於歲守器承

祧托付實大撫軍監國期望且厚兹爾

令義合國承接我丕基欠歌木命

미술
—
美術
—
FINE ARTS

'연가칠년'이 새겨진 부처
'延嘉七年'銘 金銅 佛 立像

제작 연대가 새겨진 불상 중에서 가장 오래된 불상이다. 광배 뒷면에 새겨진 글에 따르면, 이 불상은 539년 고구려 평양에 있던 동사東寺에서 유포한 천불 千佛 중 하나였다. 제작 당시 신라 땅이었던 경남慶南 의령宜寧에서 불상이 출토된 것으로 보아, 출토지가 곧 제작지가 아니라는 구체적인 자료가 되었다. 두툼한 법의 좌우로 지느러미처럼 뻗친 옷자락과 갸름한 얼굴에서 중국 북위 불상의 영향이 보인다. 보일 듯 말 듯한 미소, 볼륨감 있는 법의, 도톰한 연화좌, 약동하는 힘이 느껴지는 불꽃무늬 광배는 고구려 불상만의 특징이라고 할 수 있다.

BUDDHA
WITH INSCRIPTION OF THE SEVENTH YEAR OF YEONGA

This Buddha statue is the oldest among ones that have the year of production inscribed.
It is one of thousand Buddhist statues distributed by Dongsa in Pyeongyang in 539 in Goguryeo period. Since it was excavated in Uiryeong, Gyeongsangnam-do, it became a concrete source that proved that the excavation site and the production site could be different.
Its skirt like a fin and slender face exhibit the influence of Chinese Buddhist statues. Its vague smile, a massive sacerdotal robe, and a halo mark characteristic of Buddhist statue from Goguryeo period.

035
—
고구려, 539년
높이 16.2cm
국보 119호
—
Goguryeo, 539
H 16.2cm
National Treasure No. 119

반가사유상 金銅 半跏思惟像

반가사유상은 한 다리를 다른 쪽 무릎 위에 얹고, 손가락을 뺨에 댄 채 생각에 잠긴 모습이다. 이러한 자세의 불상은 인간의 생로병사를 고민하며 명상에 잠긴 출가 전의 싯다르타 태자의 모습에서 비롯되었다.

이 불상은 머리에 높은 관을 쓰고 있는데, 해와 달 장식이 있어 '일월식보관日月飾寶冠'이라 한다. 이와 같은 관의 유형은 사산조 페르시아에서 유래된 것으로, 비단길을 통해 동쪽으로 전파되면서 보살상의 관으로 쓰였다.

이 불상은 고졸한 미소와 자연스러운 반가좌 자세, 신체 각 부분의 유기적인 조화, 천의 자락과 허리띠의 율동적인 흐름 등에서 국보 83호 반가사유상과는 또 다른 세련된 조각 양식을 보인다.

PENSIVE BODHISATTVA

This is another masterpiece of the pensive type. This Buddhist statue wears a tall crown with sun and moon decoration. This type of a crown was originated from Sassanian Persia.

In the sense that it has enigmatic smile, natural pose, harmonious body parts, rhythmical expression of clothing and a waistband, this pensive Bodhisattva exhibits a quite unique sculpture style different from the National Treasure No. 83 pensive Bodhisattva.

036

—

삼국시대, 6세기 후반
높이 83.2cm
국보 78호

**Three Kingdoms period,
Late 6th century**
Gilt bronze
H 83.2cm
National Treasure No. 78

반가사유상 金銅 半跏思惟像

머리에 낮은 관을 쓰고 있는데, 이를 삼산관三山冠 또는 연화관蓮花冠이라 한다. 상반신에는 옷을 전혀 걸치지 않았으며, 단순한 목걸이만 착용했다. 다리를 감싸며 대좌를 덮은 치맛자락은 매우 사실적으로 표현되었다.

이 상은 신라계 승려가 창건한 것으로 알려진 일본 고류사廣隆寺의 붉은 소나무(赤松)로 만든 반가사유상과 비교해 볼 때 신라에서 만든 것으로 추정된다. 그러나 조화롭고 균형 잡힌 형태, 우아하고 세련된 조각 솜씨로 미루어 백제 불상으로 보는 견해도 있다.

PENSIVE BODHISATTVA

This statue is described to put one leg over the other lap while lost in thought with fingers onto the cheeks. Statues in such a pose were derived from Buddha's posture of contemplating on human being's life. This statue is depicted to put a flat crown called 'Three Mountain Crown' or 'Lotus Crown.' Its torso is naked, but wearing a simple necklace. This statue has remarkable similarities with the wooden pensive bodhisattva at the Koryuji temple that is believed to have been founded by a Silla monk in Kyoto, Japan. In that sense, this statue can be presumed to have been created in Silla. However, since it has a well-balanced shape and exhibits elegant and refined craftsmanship, it is also considered as one from Baekje period.

037
—
삼국시대, 7세기 전반
높이 93.5cm
국보 83호
—
Three Kingdoms period,
Early 7th century
H 93.5cm
National Treasure No. 83

100 HIGHLIGHTS

감은사 터 동삼층석탑 사리갖춤
感恩寺址 東三層石塔 舍利具

감은사感恩寺는 삼국통일을 이룩한 문무왕文武王의 명복을 빌기 위하여 신문왕神文王 2년682에 창건된 절로 현재 동·서탑과 건물터만이 남아 있다. 서탑과 동탑의 3층 탑신에서 화려하고 정교한 사리 상자와 전각 모양 사리기 등의 사리갖춤이 발견되었다. 금동으로 만든 사리상자 안에 전각 모양 사리기를 넣었는데, 사리기 기단 위에는 불꽃에 싸인 구슬을 받친 항아리 안에 연화좌蓮華座를 마련하여 수정사리병을 모셨다. 전각 모양 사리기는 기단부 한 면에 안상 두 개씩을 내고, 천부상天部像과 호법신에 해당하는 신장상神將像을 그 속에 배치했다. 그 위에는 2단 난간으로 두른 전각 속에 사리병을 안치하고, 네 모퉁이에 사천왕상四天王像과 승상僧像을 각각 배치했다. 지붕(天蓋)에는 작은 풍탁風鐸과 방울을 촘촘히 매달았고 화불化佛과 비천상을 투조했다. 사리 외함에는 네 면에 불법佛法을 수호하는 사천왕상 한 구씩과 그 좌우에 짐승이 고리를 문 장식(獸環)을 못으로 고정시켰고 네 모퉁이에 초화형草花形 장식을 더했다.

감은사 동·서 삼층석탑에서 발견된 사리기는 삼국시대에서 통일신라로 이어지는 7세기 후반에 만들어진 것으로 제작 시기가 확실하고, 왕실에서 발원하여 봉안한 사리갖춤이며 그 정교함과 화려함이 주목할 만하다.

RELIQUARY
FROM THE EAST PAGODA AT THE MONASTIC SITE OF GAMEUNSA

Gameunsa Temple was founded by King Sinmun in 682 in memeory of his deceased father, King Munmu who unified Three Kingdoms. Now only the east and west pagodas and the site of the temple are left. A container for sarira that was in the bronze reliquary was excavated in the third floor of the east and west pagodas. Inside of the container, there was a crystal bottle that kept sarira. The reliquary found in the eastern side of the courtyard is a masterpiece that exhibits the exquisite craftsmanship of metal work in the Unified Silla period.

038
—
통일신라, 682년경
높이 28.1cm(외함),
20.3cm(내함)
보물 1359호
—
Unified Silla, ca. 682
H 28.1cm(outside),
20.3cm(inside)
Treasure No. 1359

—
통일신라, 692년 이전
높이 14.0cm
국보 80호
—
Unified Silla, 692
H 14.0cm
National Treasure No. 80

황복사 터 삼층석탑에서 나온 부처와 아미타불

1942년 경주시 구황동 황복사 터(皇福寺址) 삼층석탑을 해체·복원할 때 '신룡·神龍 2년706' 이 새겨진 금동사리함이 발견되었다. 이 사리함에는 순금으로 만든 불상 2구와 함께 사리 용기, 금동제 굽다리 접시, 은제 굽다리 접시, 유리 구슬 등이 들어 있었다. 사리함 뚜껑에 새겨진 명문에 의하면, 서 있는 불상(立像)은 692년 탑을 처음 건립할 당시에 넣은 것이고, 아미타불阿彌陀佛은 706년에 만들어 넣은 것이다.

입상은 비록 통일신라 초기에 만들어졌지만, 삼국시대 말기 불상의 여운이 남아 있다. 아미타불은 입상과 비교하여 사실적인 표현이 두드러진다. 불과 10여 년 사이에 새로운 조각 양식이 반영되었음을 알 수 있다. 이 불상을 만들 때에도 금이 귀했던지, 몸체는 순금으로 만들었으나 광배와 대좌는 청동에 금으로 도금하였다.

BUDDHA AND AMITĀBHA BUDDHA
FROM THE PAGODA AT THE MONASTIC SITE OF HWANGBOKSA

These images were found in a reliquary installed inside the Three-story Pagoda at the Monastic Site of Hwangboksa in Guhwang-dong, Gyeongju in 1942. They have attracted much attention because they are made of almost pure gold. An inscription on the reliquary tells that a golden standing Buddha was placed in the pagoda when the pagoda was erected in the first year(692) of King Hyoso and a golden seated Amitābha Buddha was placed in it in 706.

Even though a standing Buddha was created in the early Unified Silla, it still shows some resonances of Buddha statues from Three Kingdoms period. The fact that this statue is only 1mm thick, exhibits excellent casting technique at that time.

This seated Amitābha Buddha is more realistic than the standing one. In 10 years a new sculpting technique was evolved.

039
—

통일신라, 706년
높이 12.0cm
국보 79호

—

Unified Silla, 706
H 12.0cm
National Treasure No. 79

100 HIGHLIGHTS

감산사 미륵보살과 아미타불

1915년 경주의 감산사 터(甘山寺址)에서 옮겨 온 두 불상은 섬세한 조각 솜씨
가 돋보인다. 광배 뒷면에는 불상의 제작자와 제작 목적 등이 자세히 새겨져
있다. 명문에 따르면, 이 불상들은 집사부시랑執事部侍郞 김지성金志誠이 부
모의 은혜와 임금의 은덕에 보답하고자 성덕왕聖德王 18년719에 만들기 시
작한 미륵보살彌勒菩薩과 아미타불阿彌陀佛이다. 그러나 만드는 도중 김지
성이 성덕왕 19년720에 죽으면서, 김지성의 명복도 함께 빌게 되었다.
미륵보살은 온화한 표정과 허리를 약간 비튼 자세를 취했으며, 아미타불은 엄
숙한 표정으로 곧게 선 자세이다. 통일신라 8세기 전반 석조 조각의 수준을 잘
보여주는 빼어난 작품이다.

040
—

통일신라, 719년경
미륵보살(왼쪽) 높이 270.0cm
아미타불(오른쪽) 높이 275.0cm
국보 81호, 82호

—

Unified Silla, ca. 719
Maitreya Bodhisattva H 270.0cm
Amitabha Buddha H 275.0cm
National Treasure
No. 81 and 82

MAITREYA BODHISATTVA AND AMITĀBHA BUDDHA
FROM THE MONASTIC SITE OF GAMSANSA

These statues were dedicated by a Silla official Kim Ji-seong in memory
of his deceased parents and in gratitude for king Seongdeok around
719-720. Amitābha Buddha stands upright with a stern face, while
Maitreya Bodhisattva bends his body slightly at the waist wearing a
benevolent smile. These pieces exhibit the high standard of stone
carving in early 8th century in the Unified Silla.

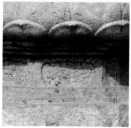

염거화상 탑 興法寺 廉居和尚塔

탑을 만들게 된 연유를 적은 탑지塔誌가 출토되어, 승탑의 주인공과 만들어진 연대를 알 수 있는 매우 귀중한 탑이다. 신라 문성왕文聖王 6년844에 선종禪 宗 산문山門 가운데 하나인 가지산문迦智山門의 제2대 선사인 염거화상廉居 和尙, ?~844을 위해 만들어졌다. 팔각 집(八角堂) 모양에 사천왕 등의 부조상 이 새겨져 있는 전형적인 승탑의 모습이다. 이 승탑의 영향으로 이후 만들어진 대부분의 승탑들은 팔각 구조에 화려한 부조상이 새겨졌다.

Stupa for Master Yeomgeo

This stupa was erected in the 6th year(844) of King Munseong for Master Yeomgeo, the second patriarch of the Gaji School, one of the nine Seon(Zen) Buddhist schools that emerged in the late Unified Silla. It is the earliest extant example in the octagonal-hall type.

041
—
통일신라, 844년

출토지 | 강원 원주 흥법사 터
높이 170.0cm
국보 104호
—
Unified Silla, 844

H 170.0cm
National Treasure No. 104

태자사 낭공대사 비석 太子寺 朗空大師 碑

이 비석의 원래 이름은 태자사 낭공대사 백월서운탑비太子寺 朗空大師 白月栖
雲塔碑이다. 통일신라의 국사國師였던 낭공대사朗空大師, 釋行寂, 832-916의
행적을 기리는 비석이다.

이 비석은 우리나라 서예 신품사현神品四賢 중 한 명인 김생金生의 글씨를 집
자해 만들었기에, 한국 서예사에서 매우 큰 의미를 지닌다. 현재 김생의 글씨
는 거의 남아 있지 않으므로, 낭공대사 비석은 김생의 글씨를 파악하는 데 중
요한 기준 작품이 된다. 김생은 '해동海東의 서성書聖', '신라의 왕희지王羲
之'로 추앙받는 명필로, 그의 글씨는 우리나라뿐 아니라 중국에서도 연구된
바 있다. 그는 왕희지를 바탕으로 자신의 글씨를 이루었다고 전해진다.

비석에 새겨진 글씨는 작지만, 김생의 힘찬 필치를 잘 보여준다. 글씨의 형태
는 세장함보다는 정방형에 가까우며, 필획 또한 살이 잘 붙어 있고 변화가 크
다. 이는 8세기 통일신라의 글씨에서 볼 수 있는, 화려하고 풍요로운 필획의
표현과도 밀접한 관련이 있는 듯하다. 이 비석의 김생 글씨는 서성書聖 왕희
지의 글씨를 깊이 연마한 후 자신의 글씨풍을 이룬 결과를 보여준다. 비석의
앞면에는 낭공대사의 일생과 업적이 새겨져 있고, 뒷면에는 낭공대사 입적入
寂 당시 세상이 어지러워 비석을 세우지 못하다가 고려 통일 후 광종 때 비로
소 세웠다는 제작 일화 및 관련 인물이 기록되어 있다.

STELE FOR THE NATIONAL PRECEPTOR NANGGONGDAESA AT TAEJASA

This stele is erected to the illustrious memory of Nangongdaesa
(832-916) who was a national teacher of Unified Silla.
Since this stele was created by assembling characters from calligraphic
works of Kim Saeng who was one of four Korean noted calligraphers, it
is very significant. Also because most of Kim Saeng's works are lost, it is
a crucial piece with that Kim Saeng's calligraphy can be studied.
Even though characters inscribed on the stele are small, they still well
well represent Kim Saeng's powerful literary style.

042
—
김생(金生, 711-791?)
고려, 954년
218.0 × 102.0 × 25.7cm

Kim Saeng(711-ca. 791)
Goryeo, 954
218.0 × 102.0 × 25.7cm

100 HIGHLIGHTS

부처 鐵造 佛 坐像

철로 만든 이 부처는 경기도 하남시 하사창동 절터(下司倉洞 寺址)에 있던 것을 1911년에 옮겨온 것이다. 지금도 하사창동의 절터에는 돌로 만든 대좌가 남아 있다. 높이가 2.88m, 무게가 6.2톤에 달하는 부처상으로, 우리나라에서 가장 큰 철불鐵佛로 손꼽힌다.

석굴암 본존불과 같은 형식의 옷차림과 손갖춤을 하고 있으나, 허리가 급격히 가늘어진 부자연스러운 조형감과 추상화된 세부 표현으로 미루어 통일신라 불상을 계승한 고려 초기의 작품으로 보인다.

부처의 양 무릎에는 딱딱하게 굳은 옷칠의 흔적이 남아 있어, 원래 불상 전체에 두껍게 옷칠을 한 다음 도금했던 것을 알 수 있다.

BUDDHA

This iron statue was moved here from the monastic site of Hasachang-dong, Hanam, Gyeonggi-do in 1911. It is the biggest iron statue in Korea. This statue takes the earth-touching hand-gesture as the famous Buddha of the Seokguram Grotto sanctuary. However, since it has an unnaturally slim waist and abstracted details, it is presumed to be a statue of the early Goryeo period that was influenced by Unified Silla style. On its knees traces of hardened varnish are visible. This indicates that the image was originally covered with a thick coat of varnish and pasted with gold over it.

043
—

고려, 10세기
높이 288.0cm
보물 332호

Goryeo, 10th century
H 288.0cm
Treasure No. 332

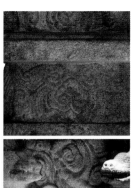
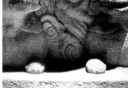

고달사 쌍사자 석등 高達寺 雙獅子 石燈

두 마리 사자가 불발기집(火舍石)을 받치고 있는 매우 특이한 형태의 석등이다. 통일신라에서부터 이러한 형태의 석등이 등장하지만, 이 고달사 쌍사자 석등은 여느 쌍사자 석등과 달리 웅크린 사자가 불발기집을 받치고 있어 이채롭다. 이 석등은 고달사가 우리나라 3대 선원의 하나인 고달원高達院으로 명성을 떨치던 고려시대 초기에 만들어진 것으로 보인다.

LANTERN WITH TWO LIONS

A type of stone lantern supported by two lions standing with two rear legs was invented during the Unified Silla period. This lantern from the Godalsa site is unique for the lions crouching instead standing.

044
—
고려
출토지 | 경기 여주 고달사 터
높이 300.0cm
보물 282호
—
Goryeo
H 300.0cm
Treasure No. 282

천흥사 종 天興寺銘 靑銅 梵鍾

천흥사 종은 고려시대 종 중에서 가장 아름답고 큰 종으로, 통일신라의 양식을 충실히 계승하면서도 부분적으로 변화를 준 고려 종의 형식을 보여준다. 종을 매다는 고리인 용뉴는 한 마리의 용으로 되어 있는데, 그 형태가 신라 종과 닮았으나 용이 머리를 쳐들고 여의주를 물고 있는 모습은 변화를 주었다. 음통音筒의 표면은 신라 종처럼 5단으로 구획되어 꽃무늬로 장식되었다.

종 윗단과 아랫단에는 구슬이 늘어진 형상의 연주문대連珠文帶를 두르고 그 안에 꽃무늬로 장식한 넝쿨문(寶相唐草文)을 장식했다. 종의 몸체에는 두 개의 연꽃 모양의 당좌撞座와 비천상飛天像을 번갈아 배치하였다. 이렇게 당좌와 비천을 장식하고, 몸체에 넓은 공간을 남기는 것은 신라 이래의 특징이다. 몸체에는 위패位牌 모양을 만들어 명문銘文을 새겨 놓았는데, '聖居山天興寺鍾銘統和二十八年庚戌二月日'라는 글귀가 있어 고려 1010년에 천흥사에서 제작된 종임을 알 수 있다.

제작 수법이나 양식 면에서 국내에 현존하는 고려시대의 종 중에서 대표로 꼽을 만한 우수작이다.

BUDDHIST BELL
FROM CHEONHEUNG-SA TEMPLE

Buddhist bell of Cheonheungsa is the most beautiful bell in Goryeo period. It is a good example of Buddhist bells from Goryeo period in that it not only follows the style of Unified Silla but also gives several changes. This bell comes with an inscription that tells when and where it was made. The elegantly curved form, the hook in the shape of a powerful dragon and images of flying angels and lotus flowers all make this bell a unique work of art.

045
—
고려, 1010년
높이 174.2cm
국보 280호
—
Goryeo, 1010
H 174.2cm
National Treasure No. 280

물가풍경무늬 정병
靑銅 銀入絲 蒲柳水禽文 淨甁

정병은 맑은 물을 담아 두는 병으로, 『법화경法華經』에 의하면 원래는 승려가 지녀야 할 18지물의 하나였으나 점차 불전에 바치는 깨끗한 물을 담는 그릇으로 사용하게 되었다고 한다. 불교 의식이 진행될 때 쇄수게灑水偈를 행하면서 의식을 인도하는 승려가 버드나무 가지로 감로수를 뿌려, 병마와 번뇌를 물리칠 때 사용하기도 한다. 고려시대에는 불교 의식의 성행과 함께 특히 많이 제작되었다. 고려시대 정병은 계란형의 몸체와 매끈하게 빠진 긴 목 위로 뚜껑 형태의 둥근 테가 놓이고, 그 위로 물을 따르는 구멍인 첨대尖臺가 뾰족하게 솟았으며, 몸체의 한쪽에는 물을 담는 입구(流)가 돌출된 모양이 전형적이다. 불경에 의하면, 관음보살이 버드나무 가지와 맑은 물로 병을 치유했다는 기록이 있는데 그 때문에 고려 정병에는 버드나무 무늬가 자주 장식되었다. 무늬를 보면 물가에 갈대와 버드나무 가지가 바람에 흔들리고 물새가 노닐며, 도롱이를 걸친 어부와 낚시꾼들이 배 타고 낚싯대를 드리우고, 언덕 위로 물안개가 피어오르는 광경이 마치 한 폭의 그림처럼 은선銀線으로 입사되어 있어 감탄할 만하다.

첨대 위 표면과 주입구의 뚜껑에는 투조透彫한 은판銀板을 청동 표면 위에 덧씌워, 질감과 색조의 대비를 꾀함과 동시에 은은한 화려함을 구사했다. 이 물가풍경무늬 정병은 정교하게 입사 장식된 물가의 서정적인 풍경과 병의 우아한 기형으로 당시 전통 금속 공예의 높은 수준을 보여준다.

RITUAL EWER(KUNDIKA)

A ritual ewer derived from a water bottle used by Brahmans and later by Buddhist monks in ancient India. A number of examples in celadon or bronze originating from the Goryeo period have survived to the present day. The hue of rusted bronze creates a sense of tranquil harmony with the scene of a rainy shore. The intricate details of the inlaid silver and the elegant form of this ewer show sophisticated, Korean traditional metal work from that time.

046
—

고려, 12세기
높이 37.5cm
국보 92호

Goryeo, 12th century
H 37.5cm
National Treasure No. 92

100 HIGHLIGHTS

나전 대모 칠 국화넝쿨무늬 불자
螺鈿 玳瑁 漆 菊唐草文 拂子

불자拂子는 불교에서 수행자가 마음의 번뇌와 티끌을 털어낸다는 상징적인
표시로 손에 드는 수행 도구이다. 보통 자루 끝에 갈고리 모양의 금속을 연결
하여 소나 말의 꼬리털을 달았다.

이 불자는 고려시대 나전칠기의 특징인 구리줄을 사용한 작품으로 매우 귀중
하다. 현재는 잘 보이지 않지만 구리줄로 넝쿨무늬의 줄기를 이루고 이를 중심
으로 나전螺鈿을 장식하였다. 나전은 전복이나 조개의 속껍질을 얇게 갈아 무
늬대로 오려 물건 표면에 새기거나 박아 넣는 장식 기법이다. 나전으로 장식한
넝쿨무늬 사이사이에는 거북의 등딱지인 대모玳瑁 뒷면을 붉은색과 황색으로
칠하여 국화꽃잎을 표현하였다.

MONK'S DUSTER

A monk's duster is an instrument of ascetic practice that is held in
hands symbolically in attempt to sweep away agonies and anxieties
from one's heart. It was usually a stick with cow hair or horsehair
attached.

This monk's duster, only left with its stick, was decorated with veins in
copper line and inlaid with mother-of-pearl. Among veins inlaid with
mother-of-pearl, the back side of tortoiseshell colored in red and yellow
was used to describe chrysanthemum petals.

047
—
고려, 12세기
길이 42.7cm
지름 1.6cm
—
Goryeo, 12th century
L 42.7cm
D 1.6cm

生業盡衆生煩惱盡此
念相續無有間斷身語意業無有疲厭
復次善男子言恒順衆生者謂盡
界十方刹海所有衆生種種差別所謂卵生
胎生濕生化生或有依於地水火風而生住
者或有依空及諸卉木而生住者種種生類
種種色身種種形狀種種相貌種種壽量種
種族類種種名号種種心性種種知見種種
欲樂種種意行種種威儀種種衣服種種飲
食處處於種種村營聚落城邑宮殿乃至一切
天龍八部人非人等無足二足四足多足有
色無色有想無想非有想非無想如是等類
我皆於彼隨順而轉種種承事種種供養如
敬父母如奉師長及阿羅漢乃至如來等無
有異於諸病苦為作良醫於失道者示其正
路於闇夜中為作光明於貧窮者令得伏藏
菩薩如是平等饒益一切衆生何以故菩薩
若能隨順衆生則為隨順供養諸佛若於衆
生尊重承事則為尊重承事如來若令衆生
生歡喜者則令一切如來歡喜何以故諸佛
如來以大悲心而為體故因於衆生而起大

화엄경 그림 華嚴經行願品神衆合部

사경寫經이란 불교의 가르침을 적은 경전經典을 손으로 베껴 써서 만든 것이다. 인쇄술이 발달하기 전에는 경전을 직접 적는 것(書寫)이 경전을 제작하는 방법 중 하나였으나, 점차 그 자체가 불교의 교리를 유포하고 좋은 업을 쌓는 것으로 인식됐다.

사경의 첫머리에는 경전의 내용 중 핵심적인 내용을 간략하게 그린 변상도變相圖를 둔다. 사경은 쪽물로 염색한 푸른 종이(紺紙)나 상수리나무로 물들인 갈색 종이(橡紙), 또는 흰 종이에 제작한다. 변상도를 그리고 글자를 적는 재료에 따라 먹으로 쓴 묵서경墨書經, 금으로 쓴 금자경金字經, 은으로 쓴 은자경銀字經으로 분류한다.

이 사경은 쪽물로 염색한 푸른 종이(紺紙)에 금으로 화엄경의 내용을 쓴 것으로, 첫 머리에는 화엄경 중에서 선재동자善財童子가 여러 선지식善知識을 찾아 설법을 들은 후 마지막으로 보현보살普賢菩薩을 찾았을 때의 장면을 그렸다. 화면의 중앙에는 보현보살이 설법하는 모습을, 하단에는 선재동자의 모습을 나누어 묘사하였다.

048
–
고려, 1350년
감색 종이에 금 선묘
–
Goryeo, 1350
Gold on indigo paper

100 HIGHLIGHTS

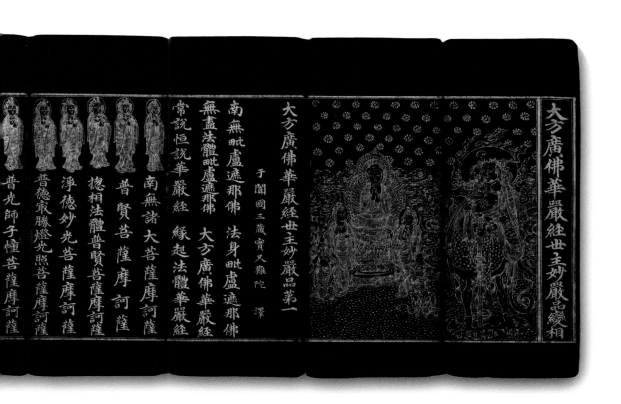

FRONTISPIECE OF AVATAMSAKA SUTRA

A copied Sutra is a scripture copied by handwriting from a Buddhist scripture. Before a printing technique was invented, copying the Sutra by handwriting had been the only way of producing it. But after introduction of a printing technique, copying itself became a way of teaching Buddhist's lessons and accumulating good karma.

In the first paragraph of a copied Sutra, there is usually Byeonsangdo, a painting that depicts important stories among the whole contents of the scripture.

In this Sutra, the scene that after Seonjaedongja listened to several Buddhist sermons, he found out Samantabhadra, is depicted. In the center of the scene, Samantabhadra is described to preach sermon and in the lower part of the scene, Seonjaedongja is depicted.

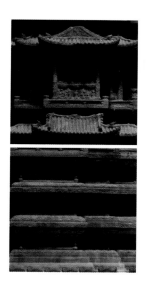

경천사 십층석탑 敬天寺 十層石塔

개성開城 경천사 터(敬天寺 址)에서 출토된 이 탑은 고려 충목왕忠穆王 4년 1348에 대리석을 재료로 하여 세운 십층석탑이다. 고려시대 목조 건축의 다포 양식을 따르고 있으며, 당시 불교 교리와 사상을 잘 표현하고 있다.

기단부는 사면이 튀어나온 아亞자형으로 사자獅子, 서유기西遊記 장면, 나한羅漢 등의 조각이 있다. 한편 탑신부는 난간, 탑신, 지붕으로 이루어진 목조탑의 구조를 그대로 옮겨 놓은 듯하다. 1층부터 4층까지는 '영취산에서 설법하는 석가모니불' 과 같이 불교에서 중시하는 장면을 묘사한 16회상이 조각되어 있다. 지붕에는 각각이 어떤 장면인지를 알려주는 현판이 달려 있다. 또한 5층부터 10층까지는 다섯 분 혹은 세 분의 부처를 빈틈없이 조각했다. 상륜부는 원래의 모습을 알 수 없어 박공 형태의 지붕만을 복원했다.

이 탑은 1907년 일본의 궁내대신 다나카(田中光顯)가 일본으로 밀반출하였으나, 영국 언론인 E. 베델(한국 이름 배설裵說)과 미국 언론인 H. 헐버트 등의 노력에 힘입어 1918년 반환되었다. 1960년 경복궁에 복원했으나, 산성비와 풍화 작용 때문에 보존이 어려워 1995년 해체되었다. 이를 2005년 용산 국립중앙박물관 재개관에 맞춰 '역사의 길' 에 복원 전시했다.

TEN-STORY PAGODA
FROM THE MONASTIC SITE OF GYEONGCHEONSA

This pagoda was originally erected at the monastery Gyeongcheonsa in the fourth year(1348) of King Chungmok of Goryeo. In 1907 it was illegally smuggled out to Japan by a Japanese court official, Tanaka Koken, but in 1918 it was fortunately returned by the efforts of British and American journalists, E. Bethell and H. Hulbert. In 1960, it was restored in Gyoengbokgung Palace. But it was difficult to be conserved because of acid rain and weathering, so was dismantled again in 1995. When National Museum of Korea was reopened in 2005, it was restored again at 'Path to History.'

049
—
고려, 1348년
높이 약 1350.0cm
국보 86호
—
Goryeo, 1348
H 1350.0cm
National Treasure No. 86

사간원 관리들의 친목 모임 薇垣契會圖

미원계회도는 사간원 관리들의 모임을 그린 것이다. 미원은 사간원의 별칭으로, 사헌부, 홍문관과 함께 왕과 정치에 대한 언론을 담당한 정부의 핵심 기관이었다. 모임 장면은 작게 그려졌지만, 옆에 놓인 술동이가 계회의 풍류를 전해준다. 산과 언덕을 오른편에 몰아 배치한 구도, 짧은 선과 점으로 묘사한 산, 언덕 위의 쌍송雙松 등은 조선 초기에 유행한 안견파 화풍을 보여준다. 화면의 글은 1540년 성세창이 지은 발문이다.

전서체篆書體로 적은 제목 아래에는 계모임 장면을 그리고, 맨 아래에는 참석자들의 서열에 따라 이름을 적었다. 참석자는 유인숙柳仁淑·홍춘경洪春卿·이명규李名珪·나세찬羅世纘·이황李滉·김□金□·이영현李英賢 등 일곱 명이다.

GATHERING OF CENSORS

This painting was made to commemorate an official gathering of the members of the Saganwon (Council of Censors) during the mid Joseon period. The work shows that this relatively small scale meeting was held for a celebration involving drinking, as suggested by the wine pots. The mountain peaks and hills arranged at one corner of the painting, the ample use of short lines and dots, and the presence of twin pines show the elements loved by An Gyeon, one of Joseon's greatest painters. The postscript was written by Seong Se-chang.

050
—
조선, 1540년
93.0 × 61.0cm
보물 868호
—
Joseon, 1540
93.0 × 61.0cm
Treasure No. 868

100 HIGHLIGHTS

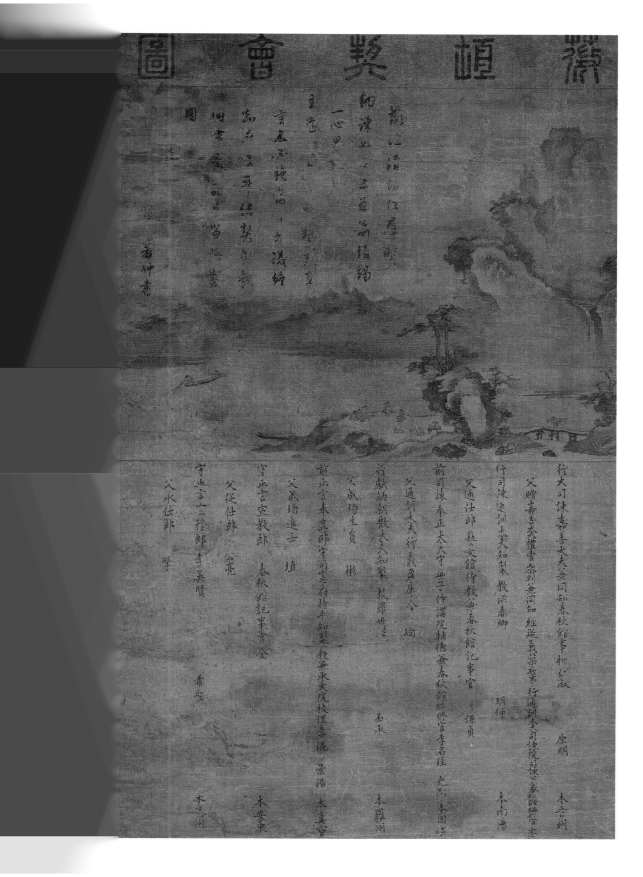

薇垣頃契會圖

議政府舍人任權書

河漢如人不可梯　彌漫一氣與雲齊
主恩許向煙霄外　更許扁舟泝水低
言念盈庭多濟濟　宛如畫裏數枝藜
自憐衰朽不成書　寫臨書罷一凄然
　菊磵書

行大司諫嘉善大夫兼同知春秋館事　朴公獻
父贈嘉善大夫禮曹參判兼同知　經筵義禁府事　行通訓金司諫院司課兼春秋館編修官　云
行司諫通訓大夫知製教　洪春卿　明仲　原明　本南陽

前司諫奉正太大守世子侍講院輔德兼春秋館修撰官李名廷　光州　本固城

父通訓大夫行義盈庫令　峋

父通仕郎藝文館待教兼春秋館記事官　徐員
行獻納朝散大夫知製教鄭世禧

前正言奉正郎守司憲府持平知製教承文院校理春院　景浩　本真寶

父成均生員　彬

正言奉直郎守司憲府持平知製教承文院校理春院　景浩　本真寶

父晟均進士　埴

守正言宣教郎　春秋館記事官金　希忠

父從仕郎　公亮

守正言正郎李英賢

父永仕郎　塋

석봉 한호 선생이 쓴 두보 시
'양전중이 장욱의 초서를 보여주다'
石峯 韓濩 先生 筆 楊殿中示 張旭草書

석봉 한호 선생이 초서로 쓴 이 글씨는, 두보杜甫, 712-770의 시 '양전중이 장욱의 초서를 보여주다楊殿中示 張旭草書'를 옮겨 쓴 것이다. 두보는 당唐의 서예가 장욱張旭, 8세기 후반이 광초狂草, 과장되게 쓴 초서로 쓴 서예 작품을 보고, 그 감회를 시로 읊은 바 있다. 이 글씨와 더불어, 술을 좋아했던 한호 선생이 역시 애주가였던 장욱에 비유되곤 했다는 일화도 전해진다.

단아한 이 글씨는 한호 선생의 작품이 언제나 그렇듯 강하고 변화가 큰, 살이 잘 붙은 필치를 보여준다. 또한 금가루(金泥)로 글씨를 썼기에 화려한 멋이 은근히 드러난다.

이 글씨는 석봉 한호 선생의 『한경홍 진적韓景洪眞蹟』이라는 작은 서첩에 수록된 작품이다. 서첩에는 그가 평소 좋아했던 시와 구절을 담았는데, 두보杜甫의 시를 비롯해, 절친한 친구였던 조선 중기 시인 최립이 쓴 시 등이 담겼다. 이 서첩은 한호 선생의 만년 작품이라는 점에서 가치가 높다. 또한 각 작품에서 해서楷書, 행서行書, 초서草書 등을 고루 볼 수 있어, 석봉 선생의 작은 글씨에 대한 면모를 볼 수 있는 중요한 자료이기도 하다.

조선 중기의 대표적인 명필 한호 선생은 왕희지王羲之의 서법書法을 바탕으로 자신의 글씨를 이루었다. 그의 석봉체石峯體는 힘과 골기骨氣를 강조한 강한 필치를 중시한 개성 있는 필체로, 이후 조선 서예에 많은 영향을 미쳤다.

HAN HO, POEM BY DU FU

In this work, Han Ho wrote in cursive script the verse of Du Fu (712-770), which was composed after Du's encounter with Zhang Xu's cursive calligraphy. Han Ho was a renowned calligrapher of the mid-Joseon period. Although plump and powerful strokes are characteristics of Han's work, this work appears gentle and elegant in harmony with the lyrical mood of the content.

051
—
한호(韓濩, 1543-1605)
조선, 1602-1604년
25.2 × 16.5cm
—
Han Ho(1543-1605)
Joseon, 1602-1604
25.2 × 16.5cm

100 HIGHLIGHTS

新人曰草聖秘難得乃及茶頓
尼永固日一偶枢如風生廟稍筆
墨古竜謝峰玉物蕶峯松
直連山煙至留深泓至筆力多

徐家先生臨池真書復被
乃三王等千里猶極末去往
王清詳若百代今吗嘩東至
粉逸棄戈清渾楬云排蓮

筍節堂点倚宕怠者揮
豪渾不楬頬渾涯
古杜工部化楬殷中永張旭筆去

감로를 베풀어 아귀를 구해냄 甘露圖

그림의 중앙에 성대하게 차려진 음식은 그 아래편에 나타나는 아귀餓鬼를 위해 준비되었다. 이 불화는 아귀도에 빠져 고통 받는 중생을 구제하기 위해 음식을 공양하는 의식을 그린 불화이다. 아귀란 목구멍이 바늘 같아서 음식을 삼킬 수도 없고, 먹고자 하면 불꽃으로 변해 더욱 고통스러운 갈증에 허덕이는 형벌을 받는 귀신을 말한다. 이들을 구제하는 것은 '감로甘露'이다. 감로란 달콤한 이슬이란 의미로, 부처의 가르침을 상징한다. 그림의 아래 부분에는 고통과 재난으로 가득 찬 중생의 삶이 펼쳐진다. 전쟁으로 목숨을 잃거나 집이 무너지고 물에 빠져 죽거나 산에서 호랑이에게 물려죽는 장면들은 조선 사람들이 느꼈던 갑작스런 죽음에 대한 공포를 담고 있다. 이 불화는 억울하게 죽은 모든 영혼이 억울함을 풀고 부처의 가르침을 깨달아 다음 생에서는 좋은 모습으로 태어나기를 기원하는 목적에서 제작되었다.

SAVING HUNGRY GHOSTS WITH SWEET DEWS

The Painting of Sweet Dews illustrates the process of saving sufferers from hell. The hungry ghost at the center of the painting symbolizes the life of all sentient beings suffering from pains and misfortunes. The painting depicts various ordeals facing mankind in life at the lower part and seven Buddhas saving sufferers with sweet dews at the upper part.

052

조선, 1649년
삼베에 색

Joseon, 1649
Color on hemp

100 HIGHLIGHTS

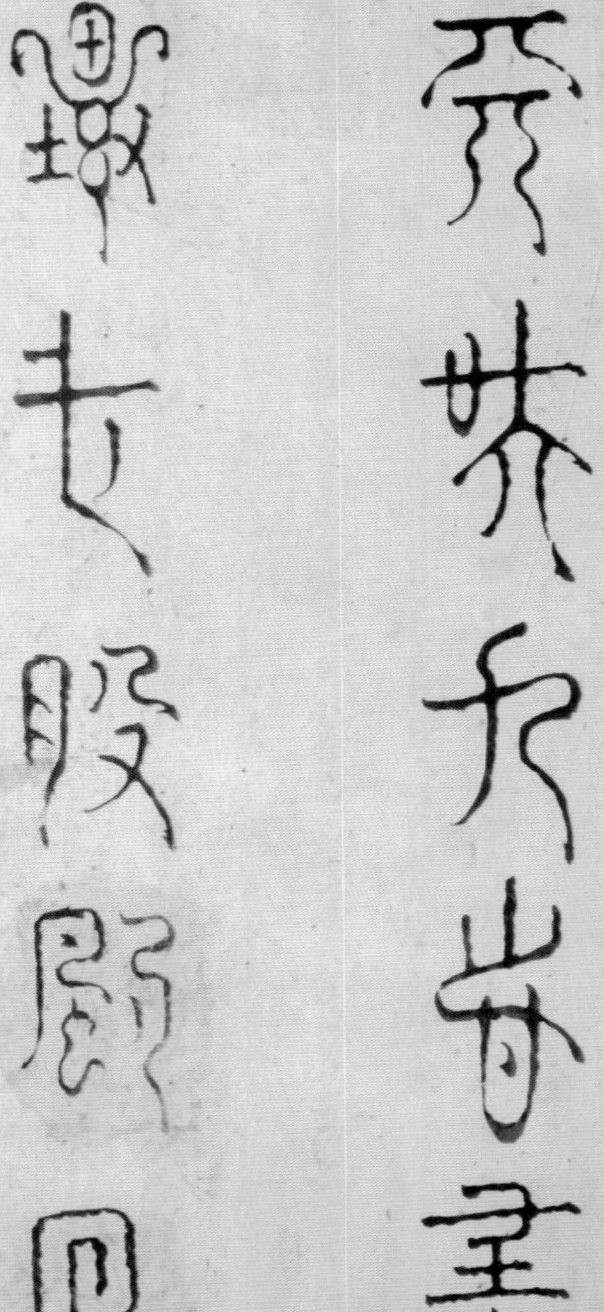

爽

秀
林
天
屵
壽

专
股
闕
回

미수 허목 선생이 쓴 '척주동해비' 원고
眉叟 許穆 先生 筆 陟州東海碑 稿本帖

'척주동해비'는 미수 허목 선생이 전서체로 쓴 비석이다. 이 서첩은 비석을 제작하는 데 쓰인 원본 서첩이다. 해일의 피해가 극심했던 강원도 삼척에 부사로 부임한 허목 선생은 바다를 잠재우기 위해 '동해송東海頌'이라는 시를 짓고 이를 비석으로 만들어 세웠다. 그 이후 바다가 잠잠해졌다고 하여 '척주동해비'는 바다를 잠재운 영험한 비석으로 추앙되어 왔다.

이 비석은 특히 독특한 글씨로 유명하다. 이 서첩에서 보듯 글씨는 구불구불한 필치로 써서 독특하고 개성이 강하다. 허목 선생의 글씨체는 미수체眉叟體라고 한다.

허목 선생의 독특한 전서체는 고전체古篆體를 바탕으로 하여 이루어졌다. 글씨가 괴이하다 하여 당시에는 그의 글씨체가 많은 비판을 받기도 했으나, 옛 한문자를 깊이 연구하여 자신의 글씨체를 이루었다는 점에서 조선시대 17세기의 개성 있는 글씨체로 평가받고 있다.

053
—
허목(許穆, 1595-1682)
조선, 1661년
32.7 × 50.5cm
보물 592호
—
Heo Mok (1595-1682)
Joseon, 1661
32.7 × 50.5cm
Treasure No. 592

HEO MOK, MANUSCRIPTS FROM THE EAST SEA STELE IN CHEOKJU

A legend says the Heo Mok, when he was a magistrate at Cheokju, wrote a poem, 'An Ade to the East Sea', and calmed the sea's rough tidal waves that regularly devastated coastal areas under his jurisdiction. He later erected a stele with the poem carved on it, and this album contains his calligraphy of the poem.

괘불 掛佛

1684년 부석사에서 제작한 야외의식용 불화이다. 법당 안에 거는 불화에 비해 화면의 규모가 훨씬 크고 구성도 복잡하다. 하단부에는 영취산靈鷲山에서 설법하는 석가모니불(靈山會相圖)을 그렸다. 영취산은 고대 인도 마가다국의 수도 왕사성王舍城에 있는 산이다. 영취산에서의 설법 장면은 뛰어난 가르침을 강의하는 이상적인 설법 모임을 상징하며 활발하게 그려졌다.

보살과 제자들, 사천왕들에 둘러싸여 설법하는 석가모니불 위에 다시 세 부처의 설법 모임을 나란히 배치하였다. 석가모니불의 바로 위에, 가슴 앞에서 오른손으로 왼손을 감싸고 있는 부처가 있다. 그는 진리를 형상화한 비로자나불이다.

이러한 배치는 부처의 세 가지 모습(三身佛會圖)을 간략화한 것으로, 석가모니불과 비로자나불이 동일한 존재임을 의미한다. 비로자나불의 양쪽에는 동쪽 세계의 약사불과 서쪽 극락 세계의 아미타불이 나타난다. 이 두 부처는 하단의 석가모니불과 만나 다시 세 부처의 구성을 이룬다. 이들은 현재 이곳과 동쪽 세계, 그리고 서쪽 세계의 부처(三佛會圖)를 상징한다.

부석사 괘불은 17세기에 조성된 것으로, 조선시대 불화 중에서 시기가 올라가는 불화의 한 예이다. '깨달은 존재가 온 우주에 가득하다'는 불교의 교리는 부석사 괘불에 그려진 네 부처의 설법회를 통해 훌륭하게 구현되었다.

HANGING SCROLL FROM BUSEOKSA

This hanging scroll, painted for the monastery Buseoksa in 1684, depicts in the central part Sakyamuni Buddha preaching the Lotus Sutra on Mt. Gridhrakuta. The Buddha is surrounded by his ten great disciples, bodhisattvas, sravakas(voice hearers), the four heavenly kings, and vajra-bearers. In the upper part, a Buddha triad is shown preaching, with Vairocana in the middle, Bhaisajyaguru in the left, and Amitabha in the right. The two Buddhas in the left and right form another triad in combination with Sakyamuni below, as the Buddhas of the three realms.

054
—
조선, 1684년
삼베에 색
—
Joseon, 1684
Color on hemp

끝없이 펼쳐진 강과 산 江山無盡圖

이인문의 무르익은 필치가 돋보이는 이 작품은 산과 물이 서로 만나고 갈라지
며 이룬 대자연의 절경과 함께, 그 속에 펼쳐지는 인간의 다양한 생산 활동을
그린 긴 두루마리 그림이다. 이러한 주제는 국토와 백성을 상징하는 한편, 강
과 산이 끝없이 펼쳐지듯 왕조가 영원하길 기원하는 의미를 담고 있다.
이인문은 높은 곳에서 멀리 내려다보는 듯한 시점으로 산수의 변화무쌍함을
장대하게 재구성하였다. 세련된 필치, 감각적인 색채는 조선 후기 김홍도와
쌍벽을 이룬 화원화가로 평가되는 이인문의 완숙한 솜씨를 잘 보여준다.
조선시대 산수화의 높은 수준을 보여주는 이 작품은 화면 앞뒤에 '추사秋史'
와 '추사진장秋史珍藏' 이라고 새겨진 도장이 찍혀 있어 김정희金正喜, 1786-
1856의 소장품이었음을 알 수 있다.

055
—
이인문
(李寅文, 1745-1824 이후)
조선, 18세기
43.8 × 856.0cm
—
Yi In-mun (1745-after 1824)
Joseon, 18th century
43.8 × 856.0cm

100 HIGHLIGHTS

Mountains and Rivers without End

This unusually high and long hand scroll depicts mother nature as an endless expanse of rivers and mountains, and represents a wish for the eternal prosperity of the Joseon period, its land, and people. Yi In-mun was a court painter of the 18th century whose fame rivaled that of Kim Hong-do.

Yi portrayed this grand landscape from far above, leaving viewers with an impression of ever-changing nature. Refined brush strokes and the sensitive use of color are the hallmarks of Yi's painting. The two seals, reading 'Chusa' on the front and 'Chusa jinjang'(treasured collection of Chusa) on the back of the painting, inform us that this painting once belonged to the collection of Kim Jeong-hui, the Joseon calligrapher and painter.

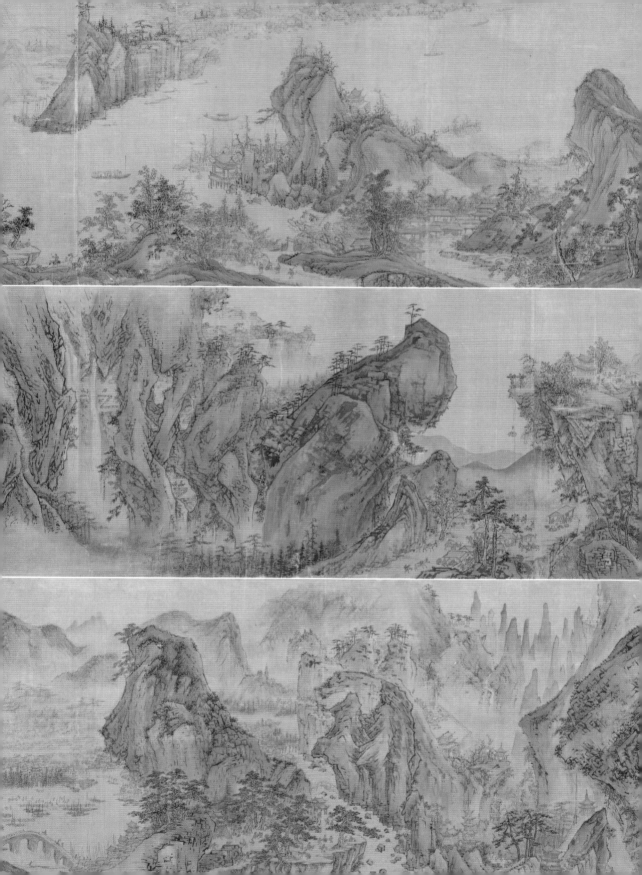

금강산 楓嶽圖帖

연대가 밝혀진 정선의 그림 중에서 가장 이른 이 화첩은 그의 나이 36세에 그린 것이다. 모두 13면에 걸쳐 내금강, 외금강, 해금강의 주요 명승을 그렸고, 제목과 화첩을 만든 내력을 담은 발문跋文으로 구성되어 있다. 발문에 의하면 신묘년1711년에 백석공白石公이라는 사람이 두 번째 금강산 여행을 할 때, 정선과 함께 다니며 〈금강산도〉를 사생케 하였다고 한다.

주요 명승지 중에서 특히 금강내산에 묘사된 경물은 중심이 되는 대상을 크게 부각시키고, 빽빽한 구도를 사용하였다. 산봉우리마다 명칭을 적어놓고 길을 뚜렷이 표시한 것은 조선시대 지도의 영향을 말해준다. 따라서 정선의 초기작은 사경산수와 회화식 지도의 전통에 근거하여, 마침내 '진경산수화'라는 새로운 양식을 개척하였음을 말해준다.

ALBUM OF MOUNT GEUMGANG IN AUTUMN

This painting, completed by Jeong Seon at the age of thirty-six, is the earliest of his dated paintings. The Album consists of 13 leaves depicting the scenic spots of the Inner, Outer, and Coastal Mt. Geumgang. Also included in the album is the dated inscription(1711) in which is recounted the story that a man called Baek Seok Gong, in his second trip to Mt. Geumgang had Jeong Seon painted these scenes.

서직수 초상 徐直修 像

두루마기(周衣)에 동파관을 쓴 서직수의 초상화는 우리나라에서는 드물게 서 있는 모습을 그린 것이다. 화원 이명기가 얼굴을 그리고 김홍도가 몸을 그렸다고 한다.

얼굴은 잔 붓질을 여러 번 반복하는 방법으로 음영을 주어, 도드라진 부분과 오목한 부분을 자연스럽게 표현하였다. 뺨 위의 점까지 있는 그대로 묘사해 낸 세밀함과 선비의 형형한 눈빛은 어진御眞을 그린 화가로 이름을 날린 이명기의 솜씨를 잘 보여 준다. 풍성한 주름을 잡아 음영으로 입체감을 살린 옷의 처리도 18세기 후반 초상화의 특징이다.

검은 동파관과 가슴의 가는 띠(세조대), 새하얀 버선발의 대조도 인상적이다.

PORTRAIT OF SEO JIK-SU

A standing portrait such as this one is quite rare in Korea. Here, the famous scholar Seo Jik-su(1735-?) is shown wearing a long overcoat and a high hat known as a Dongpoguan, named after the Northern Song scholar Dongpo Su Shi. The inscription by Seo on the painting informs us that the court painter Yi Myeong-gi painted the face while Kim Hong-do completed the rest of the body.

Yi achieved the three-dimensional effect for Seo's face using a shading technique which he created by repeating fine brush strokes. The depiction of the drapery with ample folds by use of a shading technique is also one of the characteristics of portraiture of the latter half of the eighteenth century.

The strong contrast between the white socks and the black hat and the belt around his chest leaves a lasting impression on the viewer.

057

—

김홍도(金弘道, 1745-1806 이후), 이명기(李命基, 1756-?)
조선, 1796년
72.4 × 148.8cm

—

Kim Hong-do(1745-d. after 1806), Yi Myeong-gi(1756-?)
Joseon, 1796
72.4 × 148.8cm

100 HIGHLIGHTS

단원 풍속도첩 檀園 風俗圖帖

조선시대 풍속화의 대가인 김홍도는 선비, 농부, 공장, 상인 등 모든 계층의 삶을 소재로 하여 한국적인 해학과 정취를 곁들여 생생하게 나타냈다. 『단원 풍속도첩』에는 스물다섯 점의 그림이 실렸는데, 대부분 주변 배경을 생략하고 인물을 중심으로 그렸다. 연습 삼아 그린 것처럼 분방해 보이면서도, 투박하고 강한 필치와 짜임새 있는 구성은 김홍도 회화의 특징이다. 이 그림들은 김홍도가 40대 전후에 그린 것으로 추측된다.

김홍도와 더불어 조선시대 풍속화가의 쌍벽을 이뤘던 혜원 신윤복은 주로 세련된 도시민의 생활을 즐겨 그렸다. 이에 반해 단원 김홍도는 농·공·상을 가리지 않고 다양한 서민층을 관찰하여 그들의 생활상을 특유의 익살과 구수한 맛으로 그려냈다. 이 화첩에 수록된 〈서당〉〈밭갈이〉〈활쏘기〉〈씨름〉〈행상〉〈무동〉〈기와 이기〉〈대장간〉〈나루터〉〈주막〉〈우물가〉〈담배 썰기〉〈자리 짜기〉〈벼 타작〉 등의 그림에 드러난 폭넓은 소재를 보면, 김홍도가 서민들의 생활사에 얼마나 매료됐는지 알 수 있다. 『단원 풍속도첩』은 조선시대 사람들의 생생한 표정과 활기찬 생명력을 읽을 수 있게 해준다. 또한 일상의 장면에 드러난 솔직하고 사실적인 표현을 통해 우리 선조들의 삶의 자취도 느낄 수 있는 걸작이다.

ALBUM OF GENRE PAINTING BY DANWON

Kim Hong-do is known for his paintings of the lives of common people with humor and candidness. This album consists of twenty-five paintings. Each focuses on the figures without any background features. Kim's paintings appear sketchy yet show expressive brush strokes and balanced compositions. While it is not quite certain that when Kim started to draw this type of paintings, it is presumed to be in his late thirties. As for this album, it is assumed that it was made when Kim Hong-do was about forty-year old.

058
—
김홍도
(金弘道, 1745-1806 이후)
조선, 18세기
39.7 × 26.7cm
보물 527호
—
Kim Hong-do
(1745-after 1806)
Joseon, 18th century
39.7 × 26.7cm
Treasure No.527

용맹한 호랑이 猛虎圖

동물의 왕이며 영물인 호랑이를 그린 그림은 힘과 용맹을 상징하고 사악함을 물리치는 의미를 지닌다. 흔히 호랑이는 소나무 또는 대나무, 까치 등과 함께 그려지지만, 이 그림에서는 배경을 생략한 채 호랑이만을 화면에 꽉 채워 그렸다. 안으로 야무지게 향한 꼬리, 매서운 눈빛과 표정, 묵직한 발놀림에서 느껴지는 긴장감은 화가의 뛰어난 솜씨를 보여준다. 가는 붓으로 꼼꼼히 그린 치밀한 묘사는 조선 후기 동물화의 특징이다.

이 그림 위에는 '현재玄齋'라는 도장이 있어 심사정沈師正, 1707-1769의 작품으로 전해져 왔으나, 글씨체가 심사정의 것과는 확연한 차이를 보이므로 심사정의 작품으로 보기는 어렵다.

오른쪽 윗부분에는 나중에 쓴 듯한 풍자적인 7언시가 그림과 조화를 이루고 있다. 제시題詩의 내용은 다음과 같다.

> 용맹스럽게 이를 가니 감히 맞설 수 있겠는가
> 동해의 늙은 황공黃公은 시름이 이니
> 요즈음 드세게 횡포스런 자들
> 이 짐승과 똑같은 인간인 줄 누가 알리오.
>
> 獰猛磨牙孰敢逢
> 愁生東海老黃公
> 于今跋扈橫行者
> 誰識人中此類同

TIGER

As an animal symbolizing sheer power and courage and capable of expelling evil forces, the tiger has long been a subject beloved by Korean painters. Its tail firmly bent inwards, its burning eyes, and the careful but unwavering walk of the animal clearly reveal that it was painted by an artist with outstanding ability. The minute details painted by fine brushes are a characteristics of the animal painting of Joseon period.

059
—
조선, 18세기
96.0 × 55.1cm
—
Joseon, 18th Century
96.0 × 55.1cm

100 HIGHLIGHTS

헤엄치는 오리 游鴨圖

선비 화가 홍세섭은 새와 동물 그림인 영모화에 뛰어났다. 이 그림은 모두 여
덟 폭으로 이루어진 영모화 중 하나인데, 본래 병풍으로 꾸미기 위해 그린 것
으로 짐작된다. 병풍 한 폭마다 각각 한 쌍의 오리, 백로, 따오기, 기러기, 까
치 등의 새를 그리고, 갈대나 수초, 매화, 대나무 등을 배경으로 그려 넣어 자
연스러운 맛을 강조했다. 소재와 배경으로 미루어 보아 사계절의 분위기에 맞
추어 화면을 구성한 듯하다.
우리나라의 영모화에 자주 등장하는 전형적인 새들을 그렸으나, 몰골법沒骨
法, 윤곽선 없이 붓으로 칠해 형상을 그리는 방법과 유백법留白法, 묘사 대상
은 비워두고 주변의 바탕을 칠하여 그리는 방법을 쓴 시원한 붓질이 참신하
다. 특히 헤엄치는 오리 그림에서 과감하게 표현한 수면의 물살은 조선 말기
회화의 새로운 감각을 잘 나타낸다.

SWIMMING DUCKS

Hong Se-seop, a scholar-painter, is said to have excelled in paintings of
birds and animals. These two hanging scrolls, together with another six
scrolls, seem to have formed an eight-panel screen originally. In these
scrolls, Hong depicted pairs of ducks, herons, ibis, geese, and magpies
among reeds, water plants, flowering plums, or bamboo. It seems that
the birds and their background settings were paired together to
represent the four seasons. Although these same birds have often
featured in paintings of Korean traditional birds and animals, his use of
the boneless method - doing away with outlines or painting the
background with ink while leaving the object white-appears new and
refreshing. His bold representation of the swiftly flowing water in
which the ducks are swimming aptly displays the new sensibilities
evident in the last phase of Joseon painting.

060
—
홍세섭(洪世燮, 1832-1884)
조선, 19세기
119.7 × 47.9cm

—
Hong Se-seob(1832-1884)
Joseon, 19th century
119.7 × 47.9cm

100 HIGHLIGHTS

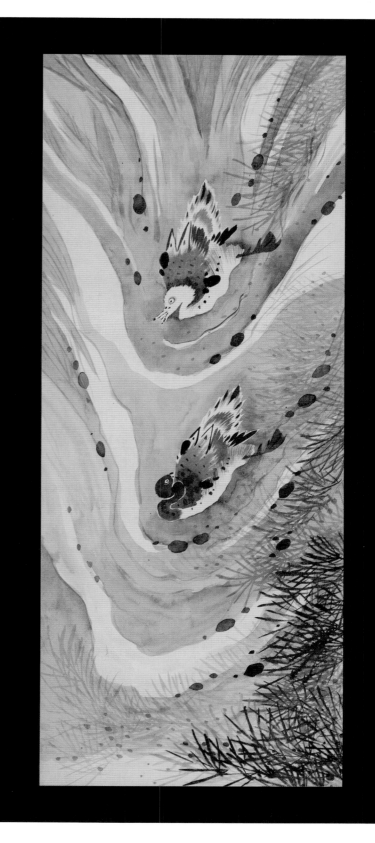

추사 김정희 선생이 쓴 자신의 별호에 대한 글 '묵소거사 자찬'
秋史 金正喜 先生 筆 默笑居士 自讚

이 글씨는 추사 김정희 선생의 별호別號인 '묵소거사' 에 대한 의미를 바탕으로 풀어놓은 추사 선생의 자작 찬시讚詩다. 자신의 호를 바탕으로 생각을 풀어놓은 독특한 착상의 이 작품의 의미는 자못 심오하다.

"침묵을 지켜야 할 때 침묵을 지킨다면 그 때의 상황에 적절히 처신함이오, 웃어야 할 때 웃는다면 적절하게 처신하는 것이라네"로 시작되는 이 글은 그 뜻이 깊으면서도 삶의 태도에 대한 한 부분을 엿보는 듯하여 읽는 이의 상황에 따라 여러 감흥을 불러일으킨다.

이 작품은 해서체로 썼는데, 개성을 크게 드러내기 보다는 정중함을 강조하여 정성을 담아 쓰려한 듯하다. 이 작품에서는 가늘고 긴 모양새의 글씨체와 필획의 변화가 크고 다소 날카로운 필치를 잘 드러내고 있어 추사체의 해서 글씨의 면모를 엿볼 수 있다.

KIM JEONG-HUI, CHUSA'S SELF-PRAISE OF MUKSOGEOSA

In this work of calligraphy, Kim Jeong-hui expressed his admiration for Muksogeosa(Hermit of silence and laughter), one of his several courtesy names. It means "be silent when it is proper to be silent and laugh when it is proper to, for this is close to the Golden Mean." Pleasantly rugged and whimsical features characterize the writing.

061
—
김정희(金正喜, 1786-1856)
조선, 19세기
32.7 × 50.5cm

Kim Jeong-hui (1786-1856)
Joseon; 19th century
32.7 × 50.5cm

當默而默　近乎時當　笑而笑近　默笑居

100 HIGHLIGHTS

문갑 文匣

문갑은 중요한 서류나 물건을 보관하고 필통이나 연적 등의 문방용품을 얹어 장식하는 가구이다. 사랑방이나 안방에서 모두 사용하였으며 보통 뒤뜰로 난 문 아래나 측벽면에 놓았다. 천장이 낮고 실내가 좁은 한옥의 공간에 맞춤해 대부분 높이가 30cm 내외로 낮고 폭이 좁다.

이 문갑은 좁고 긴 판재 양 끝에 다리를 대고, 몸체를 5등분하여 중앙에 서랍 세 개를 단 단순한 구조이다. 그러나 서랍으로 막힌 면적과 시원하게 뚫린 빈 공간이 대비를 이룬 면 분할은 세련되고 쾌적하다. 두 다리 판 아래에 뚫은 여의두 모양의 풍혈風穴은 늘씬한 다리와 조화를 이루며 가뿐하게 문갑의 무게를 받친다.

DOCUMENT CHEST

This document chest has a simple structure that has two legs at both ends of a narrow and long wooden panel and three drawers at the center. The contrast between the space blocked by drawers and the open and empty space is very elegant and comfortable.

A document chest is for storing documents and objects and displaying stationery such as a brush case and an ink-water bottle. It was used in both Sarangbang and Anbang. And it was usually placed below a door opened toward the backyard or to the side wall. Since Korean traditional houses were low and small, it was designed to be below 30cm high and to be narrow.

062
—
조선, 19세기
22.2 × 144.0cm
높이 36.3cm
—
Josen, 19th century
22.2 × 144.0cm
H 36.3cm

사층 사방탁자 四層 四方卓子

사방이 뚫려 있고 기둥과 층널로만 구성된 가구를 사방탁자라고 한다. 소나무로 만든 이 사방탁자는 네 개의 기둥에 홈을 파고 널판을 맞물려 견고하게 만들었다. 간결한 구성이지만 쾌적한 비례감은 현대 감각으로도 따라잡기 힘들다. 이 사방탁자의 높이는 전통 목가구 중에서는 비교적 높은 편이지만 사방이 트여 있어 낮고 좁은 한옥 내부에 시원한 느낌을 주었을 듯하다.

탁자는 각 층에 책을 쌓아 정돈하거나 도자기, 수석壽石, 실내에 두고 감상하는 천연의 돌과 같이 즐겨 감상하는 작은 물건을 올려놓는 가구이다. 옛날 방식일수록 3층이 많고 후대로 올수록 4층이 대부분인데, 한 층에 문이나 서랍을 달아 수납 기능을 높이기도 하였다.

FOUR-SHELVED STAND

'Sabang Table' is a piece of furniture that is opened up on all sides and composed of columns and bottom boards. This 'Sabang Table' made of pine tree has four columns firmly interlocking boards. Its simple structure and its neat proportion exceed any contemporary furniture. Even though it is comparatively a bit high among other traditional wooden furniture, its openness on all sides fits well into low and small Korean traditional houses.

A table is for arranging books in each story or for displaying a small thing that can be enjoyed, such as a celadon.

063

—

조선, 19세기
38.7 × 38.7cm
높이 149.5cm

—

Joseon, 19th century
38.7 × 38.7cm
H 149.5cm

청자 사자 장식 향로 青磁 獅子蓋 香爐

향을 피우기 위해 사용된 향로는 금속기가 대다수를 이루나, 도자기 제작 기
술이 발달하면서 청자로도 제작되었다. 자유로운 변화가 가능한 흙의 특성을
살려 다양한 조각 장식과 무늬를 넣었다. 뚜껑이 있는 향로는 대체로 동물 조
각으로 장식했다. 사자, 원앙, 오리 등 현실의 동물과 더불어 기린, 어룡, 구룡
등 상상 동물들도 자주 등장한다.

이 향로 뚜껑에는 사자 모양의 조각 장식이 있어, 불단에서 향을 피우기 위해
제작한 것으로 추측된다. 사자는 불법을 수호하는 동물로 석탑, 석등, 불교용
의례 도구에 자주 등장하기 때문이다.

특히 이 향로는 서긍徐兢이 지은 『선화봉사고려도경宣和奉使高麗圖經』에 기
술된 사자 향로의 모습을 유추할 수 있는 유물이기에 주목받아 왔다. 기록에
따르면 "산예출향山猊出香, 사자 모양을 한 향로 역시 비색인데, 위에는 쭈그
리고 앉은 짐승이 있고 아래에는 연꽃이 있어 이를 받치고 있다. 여러 기물 가
운데 이 물건만이 가장 뛰어나다"라고 쓰여 있다. 서긍이 보았던 향로와 이 향
로는 차이가 있지만, 12세기 전반 청자의 유형을 보여주는 자료여서 의미가
있다.

064
—
고려, 12세기
높이 21.1cm
국보 60호

—
Goryeo, 12th century
H 21.1cm
National Treasure No. 60

INCENSE BURNER
CELADON WITH LION-SHAPED COVER

Even though incense burners are mainly made of metal, but when the
celadon technique became advanced, some celadon incense burner were
produced. At first celadon incense burners were imitated after bronze
ones, but later various decorations and designs became to be added
thanks to flexibility of soil. Most of incense burners with lids were
decorated with animals. They were a lion, a mandarin duck, and a duck
in a real life and also imaginary animals such as a kylin and an
ichthyosaur.

Since this incense burner has a lion-shaped cover, it is believed to have
been produced as one for a Buddhist altar. A lion as a protector of
Buddhism used to appear in stone pagodas, stone lanterns, and other
Buddhist ceremonial instruments.

Especially, this incense burner has been given much attention because it
is the only source for the lion-shaped incense burner mentioned in Xu
Jing 『Xuanhe Fengshi Gaoli Tujing』. According to Xu Jing, "this
lion-shaped incense burner has an animal crouching above with lotus
support it. Among so many wonderful things, this is most
magnificent."

청자 참외 모양 병 靑磁 瓜形 甁

고려 17대 인종仁宗, 재위 1122-1146의 무덤인 장릉長陵에서 출토되었다고 전해지는 청자이다. 유색과 형태에서 고려청자를 대표하는 명품으로 꼽히는 이 병은, 12세기 중엽의 고려청자를 연구하는 데 중요한 자료이다.

중국 고대의 청동기인 준尊이라는 술병에서 유래한 이 병은 북송시대에 도자기로 제작되어 우리나라에 전해진 것으로 추정된다. 중국의 병은 흔히 입 부분이 과장되고 몸체가 풍만하며 굽이 낮아 둔중한 인상을 주지만, 이 병은 형태의 완벽한 균형과 비색翡色 유약의 아름다움이 잘 살아 있어, 고려청자 고유의 조형미가 돋보인다.

LOBED BOTTLE
CELADON REPORTEDLY FROM KING INJONG'S TOMB

065
—

고려, 12세기
높이 22.7cm
국보 94호

—

Goryeo, 12th century
H 22.7cm
National Treasure No. 94

This Celadon was reportedly handed down from King Injong's tomb of Goryeo period(1122-1146). It is a very crucial source of study on celadon of 12th century Goryeo period since it represents the best quality of color and shape in Goryeo celadon. Derived from a liquor bottle of a Chinese bronze ware, it was also produced in ceramic in the Northern Song Dynasty and was transmitted to Korea. While a Chinese bottle has a huge mouth and a voluptuous body, this bottle has a perfect balance in shape and shows beauty of glaze.

청자 칠보무늬 향로 靑磁 透刻 七寶文 香爐

이 향로는 고려청자를 대표할 뿐만 아니라 해외 전시에서도 사랑받는 우리나라의 자랑스러운 문화재 가운데 하나이다.

향로의 구조는 향이 빠져나가는 뚜껑과 향을 태우는 몸체, 그리고 이를 지탱하는 받침으로 이루어진다. 뚜껑은 한가운데 구멍이 있어 연기가 빠져나가도록 했으며, 이 위에 칠보무늬가 투각된 둥근 손잡이를 붙여 연기가 넓게 분산되도록 했다.

이 향로는 서로 다른 모양을 기능적으로 결합하여 하나의 완성된 조형물로 나타냈을 뿐만 아니라 음각·양각·투각·퇴화·상감·첩화 등 다양한 기법이 결합된 걸작이라 하겠다.

INCENSE BURNER
CELADON WITH OPENWORK DESIGN

This Incense burner not only represents the best quality of Goryeo celadon but also is loved internationally. It comprises with a cover where incense goes out, a burner, and a support.

In the center of the cover there is a hole that allows incense go out. Above it, there is a curved knob with seven treasure design incised, so that incense can be spread wide.

Composed of various shapes according to function and with various techniques such as incising, relief, inlaying and so on, this incense burner is a perfect beautiful work of art.

066
—
고려, 12세기
높이 15.3cm
국보 95호
—
Goryeo, 12th century
H 15.3cm
National Treasure No. 95

청자 연꽃넝쿨무늬 매병
青磁 陰刻 蓮唐草文 梅瓶

이 매병은 둥그스름한 어깨에서부터 완만한 허리를 거쳐 굽까지 이르는 부드러운 선의 흐름이, 고려청자 특유의 곡선미를 잘 보여준다. 몸체 전면에는 유연한 연꽃넝쿨무늬를 굵은 음각선으로 화사하게 장식했다. 연꽃을 감싼 넝쿨무늬 곡선은 매병의 형태와 절묘한 조화를 이룬다.

표면은 조각칼과 같은 도구로 표면에 홈을 내어 무늬를 만드는 음각 기법으로 장식했다. 음각 기법은 초기의 가늘고 예리한 선묘에서 후기로 갈수록 부드러운 선으로 변하는데, 이 매병이 제작된 12세기 중엽 경에는 조각칼을 옆으로 뉘어 새겨서 선이 굵어지고 반쯤 양각된 것처럼 보이는 기법이 사용되기도 했다.

Maebyeong, Vase
Celadon with Incised Lotus Scroll Design

The way that its line flows from its curved shoulder through its waist to its base represents well characteristic beauty of curves of Goryeo celadon. On the front of the body soft lotus veins are sumptuously incised. The design of veins that circle lotus is in harmony with the shape of Maebyeong.

The surface is decorated in intaglio that is a process of engraving designs into the surface with a burin. The early design was only simple plant, but influenced by Chinese celadon, it took more various subjects, such as veins, lotus, animals, nature, imaginary animals and so on.

067
—
고려, 12세기
높이 43.9cm
국보 97호
—
Goryeo, 12th century
H 43.9cm
National Treasure No. 97

청자 모란무늬 항아리 靑磁 象嵌 牡丹文 壺

상감청자의 무늬는 대부분 가는 선으로 된 선상감이 많고, 이 항아리처럼 넓은 면을 섬세하게 상감한 예는 매우 드물다. 그릇의 형태는 당시 유행하던 동기銅器에서 영향을 받았으며, 그릇의 단정한 모양과 양면의 시원스러운 모란무늬가 잘 어울린다.

JAR
CELADON WITH INLAID PEONY DESIGN

Since designs of inlaid celadon are mostly thin lines, it is quite rare that such broad surfaces have been inlaid very delicately like this celadon. Its shape is quite influenced by its contemporary bronze wares. Its elegant shape and its detailed peony design are in harmony.

068
—
고려, 12세기
높이 19.8cm
국보 98호

Goryeo, 12th century
H 19.8cm
National Treasure No. 98

100 HIGHLIGHTS

청자 버드나무무늬 병
靑磁 鐵畵 柳文 瓶

대담한 의장과 구도가 돋보이는 작품으로 현대적인 감각이 물씬 풍긴다. 다른 철화 청자에 비하면 무늬가 비교적 간결하지만, 버드나무의 표현이 세련되어 보인다. 맞은 편에도 역시 버드나무를 그렸는데 뿌리와 등걸의 표현이 대담하여 작가의 뛰어난 기량이 느껴진다. 이러한 통형 병은 청자 중에서도 이례적인 형태이다. 일본 오사카 시립동양도자미술관에 소장된 이와 유사한 병에 술과 관련된 시가 상감된 것으로 미뤄보아, 이런 형태의 병은 대개 술병으로 사용되었을 것으로 추측된다.

BOTTLE
CELADON WITH WILLOW DESIGN
IN UNDERGLAZE IRON-BROWN

This bottle has a very modern feeling thanks to its bold decorative design and composition. Compared with designs of other underglazed iron-brown celadon, its design is quite simple, but the way willow is described is elegant. The willow depicted on the other side has its root and stump expressed so boldly that they show the artist's magnificent skill. The shape of this bottle is quite unique among other celadon. From the fact that a poem about liquor is incised in a similar shaped bottle in The Museum of Oriental Ceramics, Osaka, it must have been a liquor bottle.

069
—
고려, 12세기
높이 31.4cm
국보 113호
—
Goryeo, 12th century
H 31.4cm
National Treasure No. 113

청자 모란넝쿨무늬 조롱박 모양 주전자
青磁 象嵌 牡丹唐草文 瓢形 注子

모란넝쿨무늬를 역상감 기법으로 표현한 주전자이다. 역상감 기법이란 나타내고자 하는 무늬 이외의 바깥 부분에 상감을 하는 것으로, 그릇 표면에 무늬를 가득 장식할 경우 표면이 번잡스럽게 보이는 것을 피하기 위해 사용된 것으로 생각된다.

070
—
고려, 12세기
높이 34.7cm
국보 116호
—
Goryeo, 12th century
H 34.7cm
National Treasures No. 116

GOURD-SHAPED PITCHER
CELADON WITH INLAID PEONY SCROLL DESIGN

Peony scroll design is depicted in inverse inlaying technique. The inverse inlaying technique means to inlay the outside of the design. It is believed that this technique has been used to avoid crowdedness of the surface in the case of decorating the whole surface of celadon with patterns.

백자 연꽃넝쿨무늬 대접
白磁 象嵌 蓮唐草文 大楪

고려 연질 백자의 계통을 이은 작품으로, 조선시대 상감백자 중 가장 아름다운 예술품 가운데 하나이다. 조선시대 상감백자가 대개 유약이 거칠고 상감 솜씨도 미숙한데 비해, 이 대접은 마무리가 깔끔하고 부드러운 질감을 잘 표현하였으며 무늬를 나타낸 수법도 섬세하다.

071
—
조선, 15세기
높이 7.6cm
국보 175호
이홍근(李洪根) 기증
—
Joseon, 15th century
H 7.6cm
National Treasure No.175
Lee Hong-kun Collection

BOWL
WHITE PORCELAIN WITH INLAID LOTUS SCROLL DESIGN

Derived from soft white porcelain of Goryeo period, it is one of the most beautiful inlaid white porcelains from Joseon period. While most of inlaid white porcelains from Joseon period was glazed and inlaid roughly, this bowl has fine finishing and expresses its soft texture with delicate design.

분청사기 구름 용무늬 항아리
粉青沙器 象嵌印花 雲龍文 壺

당당한 양감과 풍만함이 돋보이는 대형 항아리로, 조선시대 분청사기가 제작
되면서 나타나기 시작한 형태이다. 이 항아리는 인화 기법과 상감 기법을 함
께 적절히 사용한 사례인데, 분청사기의 활기차고 건강한 미적 특징이 잘 드
러난 걸작이다.

072
—
조선, 15세기
높이 48.5cm
국보 259호
—
Joseon, 15th century
H 48.5cm
National Treasure No. 259

JAR
BUNCHEONG WARE WITH INLAID DRAGON AND STAMPED DESIGN

This type of big jar became to appear as Buncheong ware of Joseon
period was produced. It is a good example where both incising and
inlaying are applied harmoniously. And also it is a masterpiece of
beauty of Buncheong ware.

100 HIGHLIGHTS

분청사기 모란무늬 자라병
粉靑沙器 剝地鐵彩 牡丹文 瓶

둥글고 납작한 몸체에 주둥이가 달린 형태로, 자라를 닮아 자라병이라 불린다. 자라병은 조선시대에 물이나 술을 담아 야외에 가지고 나갈 수 있도록 만든 휴대용 병이다. 주로 옹기로 만들었던 생활 용기이므로 분청사기나 백자로 된 것은 많지 않다.

이 자라병은 납작한 윗면에 흰 흙을 두껍게 입힌 후, 모란무늬를 크고 시원하게 나타냈다. 무늬가 대범하면서도 백토로 남겨진 부분과 세부를 표현한 기법에 흐트러짐이 없다. 여기에 모란무늬의 바깥 부분을 긁어낸 후 드러난 바탕 흙에 흑갈색 철사 안료를 칠하였다. 짙은 색을 띠는 철사안료 덕분에 모란꽃이 더 또렷하게 보이는 시각 효과까지 높였다.

TURTLE-SHAPED BOTTLE
BUNCHEONG WARE WITH SGRAFFITO PEONY DESIGN AND UNDERGLAZE IRON-BROWN DECORATION

It is called as turtle-shaped bottle since it has a round and flat body with a mouth. It was a portable bottle for water and liquor in Joseon period. Since it was usually earthenware for everyday life, there was not many of Buncheong ware or white porcelain.

On the upper side of the bottle, peony design is distinctively depicted on the thick layer of white soil. Its design is very bold and the part of white soil and the technique used in details are perfect. The outside of peony design is scraped down and then painted with iron-brown glaze. This dark iron-brown glaze makes peony look more distinctive.

073
—
조선, 15세기
지름 24.1cm
국보 260호
—
Joseon, 15th century
D 24.1cm
National Treasure No. 260

분청사기 모란넝쿨무늬 항아리
粉靑沙器 剝地 牡丹唐草文 壺

당당한 형태가 조선시대 분청사기 항아리의 전형을 보여준다. 목에서 몸체 아래쪽까지 귀얄로 백토를 발랐는데, 백토를 바른 부분과 바르지 않은 부분의 경계가 일정하지 않지만 항아리의 수더분한 형태와 잘 어울려 분청사기의 특징인 생동감과 자연스러움을 돋보이게 한다. 어깨에는 모란의 잎을 조화彫花 기법으로, 몸체에는 모란 넝쿨을 박지剝地 기법으로 대범하게 나타냈다.

JAR
BUNCHEONG WARE WITH SGRAFFITO PEONY SCROLL DESIGN

Its solid shape represents a typical Buncheong ware from Joseon period. White earth covers from the neck to the lower part of the body. Even though the border between the part where white earth is applied and the part where white earth is not applied is very irregular, it highlights lively and natural characteristics of Buncheong ware.

074
—
조선, 15세기
높이 45.0cm
—
Joseon, 15th century
H 45.0cm

100 HIGHLIGHTS

175

백자 매화 대나무 새무늬 항아리
白磁 靑畵 梅鳥竹文 壺

이 항아리에는 도화서 화원의 솜씨가 돋보이는 한국적인 무늬들이 담겨 있다.
연꽃 봉오리 모양 꼭지가 달린 뚜껑에도 대나무와 매화가 있다. 전면에 걸쳐
대나무, 매화, 새를 섬세하면서도 사실적으로 묘사하여 한국적인 정서가 돋보
인다. 중앙의 무늬는 청화 안료의 색깔이 짙고 강한 반면, 뚜껑의 매화와 대나
무, 아랫부분의 잔잔한 국화, 주둥이 주변의 넝쿨 같은 무늬는 의도적으로 색
을 옅게 함으로써, 그림의 입체감과 사실적인 효과를 높였다.

JAR
WHITE PORCELAIN WITH PLUM, BAMBOO AND BIRD DESIGN IN UNDERGLAZE COBALT-BLUE

This jar is decorated with Korean traditional design that shows
distinguished talents and skills of painters of Joseon government office
of Fine Arts. On the lid where the knob in the shape of a lotus bud is
laid on, bamboo and plums are depicted. On the front, bamboo and
plums and birds are expressed so delicately and realistically that Korean
traditional mood is highlighted. While the central design is described in
strong and rich cyanide pigment, designs of a chrysanthemum at the
lower part and vines around the mouth are intentionally painted so
light that realism and solidity of its design are maximized.

075
—
조선, 15-16세기
높이 16.5cm
국보 170호
—
Joseon, 15-16th century
H 16.5cm
National Treasure No. 170

100 HIGHLIGHTS

백자 매화 대나무무늬 항아리
白磁 鐵畵 梅竹文 壺

품격 있는 장중한 형태와 뛰어난 그림으로 널리 알려진 16세기의 대표적인 철화 백자이다. 몸체에는 대나무와 매화나무를 사실적인 필치로 묘사하였다. 대나무는 몰골법沒骨法으로 농담을 살려 그렸는데, 가늘고 곧게 뻗은 댓잎과 휘어짐 없이 사방으로 뻗은 줄기를 통해 대나무의 강한 절개와 고결한 기상을 나타내고자 하였다.

한편 반대편에 있는 매화나무는 둥글게 휘어 올라가는 등걸과 위로 곧게 치솟은 잔가지의 대조적인 표현으로 서정적이고 고풍스런 분위기를 연출했다. 세련되고 우아한 필치로 미루어 궁중 화원의 솜씨가 분명한데, 이것은 왕실용 자기 제조를 담당하는 관청인 사옹원 소속 관리가 매년 도화서圖畵署의 화원을 인솔하고 관요官窯에 나가 도자기 그림을 그리게 했기 때문이다. 이 작품에서 16세기 화단畵壇의 사군자四君子 기법을 볼 수 있다.

JAR
WHITE PORCELAIN WITH PLUM AND BAMBOO DESIGN IN UNDERGLAZE IRON-BROWN

Well known for its magnificent shape and design, it is a good example of the 16th century white porcelains in underglaze iron-brown. On the body, bamboo and plum are described very realistically. Bamboo is depicted in a technique that maximizes the effect of light and shade. By depicting slender and straight bamboo leaves and canes, the artist wanted to express integrity and spirit of bamboo.
By describing plum trees whose stump rises up in a circular way and whose small branches rises up straight, the artist created poetic and noble mood. Since its design is done with a refined and elegant technique, it must have been done by a court painter. Also in this jar, the technique of the Four Gracious Plants in the 16th century is witnessed.

076
—
조선, 16세기
높이 40.0cm
국보 166호
—
Joseon, 16th century
H 40.0cm
National Treasure No. 166

백자 끈무늬 병
白磁 鐵畵 垂紐文 瓶

조선 전기 백자 병 특유의 풍만한 양감과 곡선미를 보여주는 대표적인 예이
다. 잘록한 목에 한 가닥 끈을 휘감아 늘어뜨려 끝에서 둥글게 말린 모습을 철
화 안료로 표현하였다. 단순하면서도 많은 여백을 남긴 여유 있는 묘사, 거침
없이 그어 내린 힘찬 선은 절제된 필치로 장인의 숙련된 경지를 유감없이 드
러낸다.
이처럼 여백과 무늬의 절제된 표현과 구성은 도자 공예의 차원을 뛰어넘은 세
련된 예술의 경지를 보여준다. 망설임 없이 사선 방향으로 힘차게 그어 내린
끈 무늬는 단순하지만 강한 인상을 준다. 굽 안 바닥에는 철화 안료로 '니‿
히'라고 쓴 한글이 있다. 그 뜻은 명확치 않으나 한글 창제 후의 작품일 것으
로 짐작케 하는 근거가 된다.

BOTTLE
WHITE PORCELAIN WITH ROPE DESIGN IN UNDERGLAZE IRON-BROWN

It represents the typical characteristics of solidity and curvaceousness of
white porcelain of the early Joseon period. A strand of a rope that
twines around the narrow neck and hangs down with its end rolled up
is depicted in iron-brown glaze. Both simple design with lots of blank
and strong lines drawn without hesitation boast about the prime stage
of craftsmanship. Totally controlled description and composition of
blank and design transcend craftsmanship toward a fine art. Rope
design drawn diagonally without hesitation, is quite simple but give a
strong impression. On the bottom of inside of the base, some Korean
characters were written in iron-brown glaze. Its meaning cannot be
deciphered, but can be presumed that this bottle was produced after the
invention of Hangeul.

077
—
조선, 16세기
높이 31.4cm
보물 1060호
—
Joseon, 16th century
H 31.4cm
Treasure No. 1060

기증

寄贈

DONATION

청동 투구 靑銅冑

고대 그리스 올림피아 제전 경기 때 승리를 기원하고 신에 대한 감사의 뜻으로 봉납하기 위해 그리스의 코린트에서 제작된 이 투구는 1875년 독일 고고학 발굴팀에 의해 그리스 올림푸스 제우스 신전에서 출토되었다. 주조품인 이 투구는 착용했을 때 눈과 입을 제외한 모든 부분이 완전히 가려지도록 만들어진 독특한 형태를 띠고 있다. 고대 그리스 신전이나 기념비에 새겨진 무사상에서 확인할 수 있지만, 실제로 이와 같이 완벽한 원형을 유지한 예는 거의 없다는 점에서 그 가치가 높다.

이 투구는 손기정孫基禎, 1912-2002 선생이 1936년 제11회 베를린 올림픽 마라톤에서 우승하고 부상으로 받은 것으로, 당시 손 선수에게 전달되지 못한 채 베를린 박물관에 보관되었다. 그러다 지난 1986년 뒤늦게 반환되었지만, "이 투구는 나의 것이 아니라, 우리 민족의 것"이라는 선생의 뜻에 의해 박물관에 기증되었다. 1987년, 서구 유물로서는 유일하게 보물(904호)로 지정되었다.

HELMET

This helmet that had been produced in order to thank God and to pray for victory at Ancient Greek Olympia games, was excavated by German Archaeological excavation team in 1875. Son Gi-jeong (1912-2002) received this helmet when he was awarded a gold medal of a marathon race at the 11th Berlin Olympic in 1936. At that time, it was not handed over to Son, but kept in Berlin Museum. In 1986, it was finally returned to him. Thinking that this helmet does not belong to himself but to Korean people, he donated it to the National Museum of Korea. In 1987, it was designated as Treasure No. 904.

078
—
그리스, 기원전 6세기
높이 23.0cm
보물 904호

—
Greece, 6th century BCE
H 23.0cm
Treasure No. 904

오리 모양 토기 鴨形土器

삼국시대에는 사람이나 동물, 물건의 형상을 본떠 만든 토기가 유행했다. 특히 신라 무덤에서 출토된 동물 모양 토기는 주로 오리나 말의 모습을 본뜬 것으로, 일상생활에서 사용하기 위한 것이 아니라 죽은 자의 영혼을 이승에서 저승으로 인도하기 위한 제사 용품으로 추정된다.

몸통이 비어 있는 오리 모양의 이 토기는 원삼국시대부터 이미 만들어지기 시작했으며, 삼국시대의 것에 비해 크기가 크고 표현이 단순했다. 신라나 가야의 오리 모양 토기의 크기는 과거에 비해 보다 작아졌지만, 표면에 물결무늬가 베풀어지거나 달개(瓔珞)를 매달거나 양 어깨에 날개를 따로 만들어 표현하기도 하였다.

이 오리 모양 토기는 신라 지역에서 출토된 것으로 보인다. 유선형의 몸통을 지니고 있으며, 오리의 시선이 약간 아래쪽을 향하고 있어 다소곳한 느낌을 준다. 몸통은 비어 있고, 몸통 위에 주입구, 꼬리 부분에 주출구가 뚫려 있어 물이나 술 등을 담기 위한 주전자로 사용되었던 것으로 보인다.

DUCK-SHAPED VESSELS

During Three Kingdoms period, potteries modeled from a human being, animal, and objects were popular. Especially animal-shaped potteries from Silla tombs mainly have shapes of a duck or a horse. These vessels are not for everyday life usage but for ritual meaning of leading the dead from earth to heaven.

This duck-shaped vessels that seems to have been found in Silla area, has the empty body and holes for pouring liquor or water on the upper side of the body and at the tail.

079
—
신라
높이 17.5cm
—
Silla
H 17.5cm

짐승얼굴무늬 기와 怪獸面瓦

짐승얼굴무늬 기와는 본래 짐승의 얼굴(獸面)을 무섭게 의장화한 것으로 사악한 기운의 침입을 박으려는 벽사辟邪의 의미를 갖는다. 우리나라에서는 삼국시대부터 만들어지기 시작하여 통일신라기에 이르러 매우 성행하게 된다. 이 기와는 귀마루 끝을 막는 데 쓰이는 사래용 기와이다. 뿔 사이의 둥근 구멍에 못을 박아 고정한다.

ROOF TILE WITH BEAST DESIGN

Roof tiles produced in Unified Silla became much simpler. This roof tile is a beast-shaped Sumaksae. In the center of the surface there is a beast sitting. A beast symbolizes a king and valor and also a guardian of Buddhist law. Thus it was used as a representative design to dispel evil spirits in Unified Silla.

080
—
통일신라
높이 25.9cm
—
Unified Silla
H 25.9cm

100 HIGHLIGHTS

청자 수막새, 암막새 靑磁 陽刻 牡丹文 瓦當

모란이 돋을새김 된 청자 수막새와 당초무늬가 돋을새김 된 청자 암막새는 이전 시기의 비색 청자에 비해 보다 맑고 밝은 유색을 띠어 12세기 중엽 청자의 특징을 그대로 보여준다. 막새에 돋을새김 된 당초무늬 역시 한결 완숙해진 걸 볼 수 있다. 푸르른 비취색의 청자가 갖는 아름다움과 품격을 생각할 때, 청자 기와로 지붕을 얹힌 건물의 화려함을 미루어 짐작해 볼 수 있다.
청자 기와에 관한 기록은 『고려사』에 "왕이 왕궁 동쪽 이웃에 새로 궁원을 만들고 또 다시 민가 50여 가구를 허물고 많은 전작을 세웠으며 관란정 북쪽에 세운 양이정의 지붕을 청자로 덮었다"라고 되어 있다. 개성 만월대에 있는 고려 왕궁터에서 발견된 청자 기와편이 이러한 문헌 기록을 뒷받침해 준다.

CELADON ROOF TILE SUMAKSAE, AMMAKSAE

Both celadon roof tile Sumaksae with peony carved in relief and celadon roof tile Ammaksae are quite lighter than other previous celadons. It can be imagined how beautiful the celadon tiled roof were. The some historical records about celadon roof tiles and pieces of a celadon roof tile that were found around the Goryeo palace site support such records.

081
—
고려, 12세기
지름 8.3cm
—
Goryeo, 12th century
D 8.3cm

금동제 머리꽂이 꾸미개 金銅製 頭髮 粧飾

금동으로 만든 한쌍의 머리꽂이 꾸미개는 떨잠의 일종이다. 움직일 때마다 조금씩 흔들리도록 가는 금사金絲 끝에 여러 가지 장식을 달았는데, 꽃과 잎 모양을 한 것과 박쥐처럼 보이는 모양, 그리고 칠보七寶 무늬의 금판들이 그것이다. 이들은 모두 작은 금 알갱이와 얇은 금선으로 장식한 누금세공법이 사용되어 화려함과 정교함을 자랑한다.

꾸미개는 보통 꽂이 부분과 장식 부분으로 이루어져 있으므로, 이 꾸미개는 꽃의 일부가 결실되었음을 알 수 있다. 출토지는 알 수 없지만 고려시대에 만들어진 이 꾸미개를 통해 당시의 수준 높은 세공 기술과 귀족들의 화려한 생활 모습을 엿볼 수 있다.

HAIR ORNAMENTS

This pair of gold hairpins has various ornaments at its end so that these little ornaments can be swung according to the movement. These ornaments are shapes of a flower, a leaf and a bat. This artifact represents the high level of craftsmanship in metal works in Goryeo period.

082
—

고려
길이 8.5cm

—

Goryeo
L 8.5cm

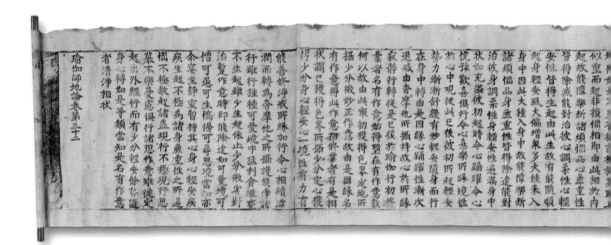

요가 수행의 17단계를 논한 글
初雕本 瑜伽師地論 卷第三十二

유가사지론은 혜전 송성문 기증 문화재에 포함된 4건의 초조대장경의 하나로, 두루마리 형태의 권자(卷子本)이다. 초조대장경은 고려 현종 2년(1011) 거란이 개경을 침범하자, 부처님의 가호로 거란군을 물리치기 위해 대장경 조판에 착수해 선종 4년(1087)에 최종 완성되었다. 하지만 그 후 몽골의 침입 때 초조대장경판이 불타버리고 말았다. 지금 전해지고 있는 초조대장경 인쇄물은 약 2,600여 권으로, 대부분 일본 각지에 흩어져 있다.

국내에서 확인된 초조대장경은 200여 권으로 상당수가 유가사지론처럼 국보나 보물로 지정되어 있다. 초조대장경은 송나라 대장경을 본으로 하되, 빠진 경전을 추가해 우리나라만의 독자적인 판각인쇄술을 선보였다는 점에서 중요한 의미를 지닌다.

유가사지론은 법상종의 교리서 가운데 하나로 유식중도唯識中道의 이치를 깨닫는 데 필요한 내용을 다룬 글이다. 인도의 미륵이 지은 글을 당나라의 현장(602-664)이 번역해 천자문의 순서대로 100권을 수록했는데, 그 중 제32권을 가리킨다.

083
—
고려, 11세기
필사본
28.8×44.8cm
국보 272호
송성문 기증
—
Goryeo, 11th century
28.8×44.8cm(25 pages)
National Treasure No. 272
Song Sung-moon Collection

吾修淨戒所緣
而轉為奢摩他
雖行種種可厭
坐起雖少生起
足作意時即能
可愚生憍慢
安坐靜室暫捨
王起不極為諸
不極數起憂慮俱行
山外經行而右
有淨相伏
轉如是等類

如是恒常修作畢竟修作汝應起
如是願心假使一切贍部洲人盡壽
部洲曾經壽量今皆總集在我一身
我亦盡此無量壽命決定於斷瑜伽
作意勝奢摩他毗鉢舍那精勤修習
時无暫捨由正了知如是所修瑜伽
加行有大勝果故何況如是
　　　　　　　　　　　第十六文

少分壽量少時存活雖極遠去不過
百年委悉筹計但湏決項彼是汝應
適所教誨恒常作意於斷瑜伽諸瑜
伽師依不淨觀如是教誨名正教誨
初修業者始從此證得世出世間廣大圓滿
境性後當證得下劣身心輕安心一
淨觀之所調伏如是尋思於是慈愍觀
之所調伏乃至修行如說於貪行是不
淡部念之所調伏如其所應皆當了
知其中老別餘趣入門我當顯不依
慈愍觀初修業者始於外親品怨品及
中庸品善取相已慶如法生由利益
安樂增上意樂俱行作意於此利益
一親一怨一中庸所發起勝解於此
三品由平等利益安樂增上意樂俱
行作意與其樂如是念言願彼求
樂諸有情類皆當得樂或无苦樂欲
樂或无罪有喜樂或无罪无喜樂次
後或於二親或於三親或於四親或
於五親十親二十三十如前乃至
遍

諸方維其中觀品充滿无間發起勝
解於中乃至无有容受一秋端塵如
於親品如是於怨又於中庸品當知亦
介又彼不捨慈愍加行即由修習如
是慈愍於諸念住能正趣入云何趣
入謂趣入時應念當發起如是勝解如
彼於我我謂怨品我既欲
是慈愍於住念正發起如趣入云何
彼於我謂觀親謂怨謂中庸品我既欲

TREATISE ON THE 17 STAGES OF THE YOGA PRACTICE

Yugasajiron is one of 4 pieces of Chojo Tripitaka among Song
Sung-moon's donation. When Kitan intruded into Gaegyeong in
1011, Goryeo King Hyeonjong ordered Chojo Tripitaka to be made.
It was completed in 1087 but it was burnt in Mongolian invasion. The
prints of Chojo Tripitaka that have been handed down until now, are
approximately 2,600 books, most of which are in Japan.

The number of its prints found in Korea now is about 200 and most of
them are registered as National Treasure or Treasure. Chojo Tripitaka
not only followed Tripitaka of Song Dynasty but also exhibited unique
Korean printing techniques by adding scriptures that had been left out.

분청사기 연꽃넝쿨무늬 병
粉青沙器 象嵌 蓮唐草文 瓶

상감 기법과 인화 기법을 적절히 사용하여 무늬를 넣은 분청사기 병이다. 몸체 가운데에 상감된 연꽃무늬는 연꽃과 잎의 윤곽선은 백토로 상감하고, 그 안쪽은 마치 잎맥을 표현하려는 듯 흑상감으로 시원하게 표현했다. 백상감으로 촘촘하게 베풀어진 점무늬 바탕 속에 표현된 연꽃은 바로 서기도 하고, 반대로 잎을 아래로 향하기도 하며, 연꽃 줄기가 꽃 사이사이를 둥글게 휘돌아가면서 생기 넘치는 율동감을 부여한다.

BOTTLE

Inlaid with various patterns in its five parts, this bottle has three lotus described in the center of the body. While lotus and outlines of leaves are inlaid with white earth, their inner parts are expressed inlaid with black soil so as to describe veins of leaves. Lotus among spotted background inlaid with white earth, stands straight or its leaves lean downward, or its stalk circles around flowers, which creates dynamic movements in the design.

084
—
조선, 15세기
높이 31.8cm
보물 1067호
—
Joseon, 15th century
H 31.8cm
Treasure No. 1067

부처 釋迦如來像

불교 국가 미얀마에는 불상 제작이 성행하여 다양한 조형 기법으로 불상이 제작되었다. 이 불두佛頭는 건칠乾漆 기법으로 제작된 것으로, 통통하고 둥근 얼굴이 미얀마 북부의 특색을 나타낸다. 건칠 기법은 나무나 흙으로 골격을 만들고 그 위에 종이나 천을 씌운 뒤 칠漆을 반복적으로 도포해 불상을 만드는 기법을 말한다.

이 불두는 16세기 미얀마의 아봐 시대에 제작된 대표적인 건칠 불상으로, 높이가 116cm에 이르는 대작이다. 머리 위로 1,100여 개의 작은 나발螺髮이 촘촘히 배치되어 있고, 정수리 부분에 과일 열매 모양의 원추형 나발이 붙어 있다. 현재는 얼굴 주위로 약간의 금박金箔만이 남아 있지만, 원래는 석가여래의 얼굴 전면이 황금빛으로 도금되어 있었다.

BUDDHA

Myanmar is a Buddhist country, which has been developing techniques in the molding of Buddhist statues from olden times. Most of the traditional Buddhist statues are made from terra cotta, or they are carved from wood or stone. They developed a traditional molding technique, which was performed by lacquering after applying hemp cloth on statues made of carved wood or stone.

Some curled hairs are attached with rye in the creek-shaped opening on top of the head. There were 1,100 pieces of curled hairs. Finally, the topknot-shaped hair was laid on the head. With the eyes gazing at an angle of 45 degrees, the statue creates a merciful appearance. After painting with red oxide and black lacquer, the statue is finished with gold lacquer.

085
—
작자 미상
미얀마, 16세기
높이 116.0cm

anonymous
Myanmar, 16th century
H 116.0cm

100 HIGHLIGHTS

백자 난초무늬 조롱박 모양 병
白磁 靑畵 蘭草文 瓢形瓶

둥근 항아리를 8모로 깎아 면面을 만들고 그 위로 목이 긴 병을 얹은 병으로,
조롱박을 닮았다. 순백색 여백의 미를 살리면서 무늬를 적절히 배치했는데, 위
쪽에는 길상도안吉祥圖案의 한 종류인 전보錢寶와 방승보方勝寶를 그려 넣었
고, 아래의 각진 면에는 난초와 패랭이꽃을 담백하고 정갈하게 표현해 한국적
인 정취를 한껏 살렸다.

086
—
조선, 18세기
높이 21.1cm
보물 1058호

Joseon, 18th century
H 21.1cm
Treasure No. 1058

BOTTLE

This is a gourd bottle of neat design that has a long neck with eight
angled side. This design is very unique among white porcelains of
Joseon period. There is beauty of blank in pure white, while well-fitted
design of orchids and pinks brings Korean traditional mood to life.

나전 칠 반짇고리 螺鈿 漆 裁縫具 箱

나전螺鈿, 즉 자개 조각으로 장식한 단아한 반짇고리이다. 바깥쪽 면에는 화조花鳥, 대나무, 바위 등을, 안쪽 바닥 면에는 기암, 나무, 물고기무늬를 원형 테두리 안에 배치한 후 섬세하게 자개로 장식했다. 바느질 용품을 담아두는 반짇고리는 실용품이지만 이처럼 안팎을 맵시 있게 꾸며 장식성을 높인 경우가 많다. 주로 길상, 평안, 화목, 금슬, 다산, 장수 등을 상징하는 무늬로 장식을 한 것도 눈에 띈다.

SEWING KIT CASE INLAID WITH MOTHER-OF-PEARL

It is a gorgeous and elegant sewing kit case inlaid with mother-of-pearl. Flowers and birds, bamboos, and rocks at its exterior and the bedrock, trees and fish on the bottom of its interior are delicately inlaid with mother-of-pearl.

Even though sewing kit cases are very practical goods where sewing kits can be kept, many of them are very decorative with designs. It is also characteristic that they are mainly decorated with patterns that symbolize a good omen, peace, harmony, fecundity, and long life.

087
—

조선
38.5 × 38.5 × 9.2cm

—

Joseon
38.5 × 38.5 × 9.2cm

100 HIGHLIGHTS

100 HIGHLIGHTS

문갑 文匣

두 개가 한쌍을 이루는 일반 문갑과 달리 외짝으로 길게 제작된 문갑이다. 서랍
네 개로 구성된 단순한 모양 때문에 책상 문갑冊床文匣이라 불리기도 한다.
긴 천판 위에는 필통, 연적 등 문방용품을 진열하고 서랍 아래 빈 공간에는 서
류함이나 목침 등 작은 물품 등을 둘 수 있도록 했다.
두 다리 판에는 반원형의 풍혈風穴이 반듯하게 뚫려 있고 서랍 문판에는 복숭
아 모양의 고리 장식이 절도 있게 달려 있다. 이 문갑에서 보이는 견고한 짜임
과 검박한 형태는 사랑방 선비의 격과 취향을 대변하는 듯하다.

DOCUMENT CHEST

Unlike an ordinary document chest case that is composed of two parts,
this document chest is a long odd one. Since it is composed of four
drawers, it is also called as Desk document chest . On the long panel,
stationery such as a brush case and a water dropper and so on is
displayed. In the empty space below the drawers small articles such as a
document tray or a wooden pillow can be placed. In two legs, there are
semicircle apertures for wind. At the drawers, peach shaped rings are
decorated. Its solid composition and simple shape represents taste and
class of a gentleman.

088
—
조선, **19세기**
21.2 × 108.0cm
높이 28.4cm
—
Joseon, 19th century
21.2 × 108.0cm
H 28.4cm

팔걸이 腕枕

팔걸이는 몸을 비스듬히 기대어 앉을 때 팔을 받치는 받침대로 궤상, 의침이라고도 한다. 팔걸이의 위아래를 이루는 나무판은 안쪽으로 둥글게 휜 모양을 하고 있는데, 유연한 선이 아름다울 뿐 아니라 곡선으로 이루어진 사람의 몸을 배려해 기대어 앉을 때 편안하도록 고안된 것이다. 위 아래 나무판을 지탱하는 가운데 기둥은 네 가닥의 가는 기둥을 꼬아 올린 모양으로 멋을 살렸다. 양 옆의 나무판에는 소나무와 사슴무늬가 투각되어 있어 시원스러움을 더한다. 이처럼 우리나라 팔걸이 디자인은 기능성과 장식성이 어우러진 전통 목가구의 특징을 잘 보여준다.

ARM REST

An arm rest is a support where arms are placed when people sit comfortably on the chair. The wooden boards of its upper and lower parts, are curved inward, so its curved outline becomes not only very beautiful but also perfect for a human being's body. The center pole that supports its wooden boards is made up of four slim poles intertwined. A pine tree and a deer are carved on the wooden boards of both sides. The design of this arm rest represents Korean traditional design for wood furniture that considers both function and decoration very important.

089
—
조선, 19세기
높이 26.6cm, 길이 47.5cm

—

Joseon, 19th century
H 26.6cm, L 47.5cm

아시아

—

亞細亞

—

ASIAN ARTS

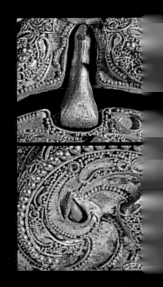

허리띠 버클 金製鉸具

이 유물은 순금으로 만든 허리띠의 버클이다. 얇은 금판에 수백 개의 금 알갱이를 붙여 만들었고, 가장자리는 금실을 돌려 장식했다. 여기에 모두 53.6g의 순금이 들어갔다. 가운데에는 커다란 용 한 마리가 꿈틀거리고, 그 주위에 6마리의 작은 용이 바짝 붙어 있는 형상도 보인다.

용의 몸통은 비교적 굵은 금 알갱이를 붙여 두드러지게 표현했으며, 용의 얼굴은 특히 코를 과장해 표현했다. 원래는 큰 용과 작은 용 사이에 41개의 작고 푸른색 보석을 박았는데, 지금은 7개만 남아 있다.

이와 같은 말발굽 모양의 허리띠 버클은 한대에 낙랑군 뿐만 아니라 중국 변방의 신장 성新疆省, 윈난 성雲南省 등에서도 금이나 은으로 만든 것이 발견되고 있다. 따라서 이 유물 역시 한나라 황제가 변방의 이민족 우두머리에게 훈장과 같은 기념품으로 보내준 것으로 추정된다.

GOLD BUCKLE

This artifact is a pure gold buckle of a belt. Hundreds small golden bits are pasted to the thin gold plate and its rim is decorated with gold yarns. 53.6g gold was used to create this buckle. In the center a huge dragon is described. Around it six small dragons are crowded.
The body of a dragon is depicted with relatively thick golden bits and its nose is exaggerated. Originally there used to be 41 pieces of small and blue jewels between big and small dragons, but now only 7 pieces are left.

090
—
1세기
출토지 | 평양 석암리 9호분
너비 | 9.4cm
국보 89호
—
1st century
W 9.4cm
National Treasure No. 89

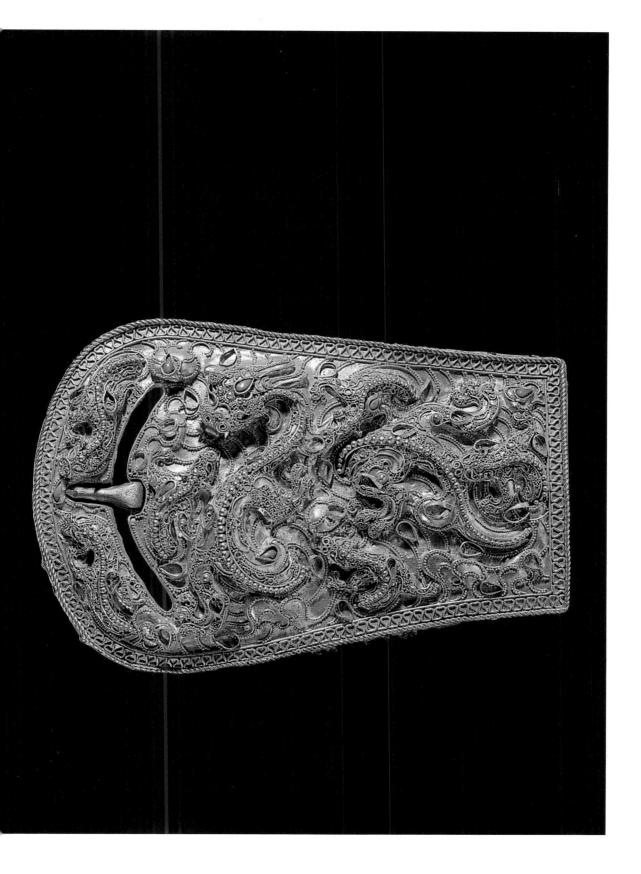

반가사유상 半跏思惟像

중국의 불교는 기원 후 1세기를 전후해 서역을 통해 전래되었다. 남북조南北朝 시기의 불교는 통치 계급의 정치적 필요에 의해 급속히 발전되었다. 특히 승려들의 구법 활동은 동서 문화 교류를 촉진시켰고, 중국 곳곳에 사원을 건축하는 등 불교 미술이 비약적으로 발전하는 계기가 되었다.

이 반가사유상은 흰색 대리석을 이용해 만든 것으로, 당시에 허베이 성(河北省)을 중심으로 유행된 제작 기법이다. 중앙에 반가사유상을 배치하고 좌우에 두 보살 입상을 갖춘 삼존 형식이다. 광배와 대좌, 불신이 한 몸으로 이루어졌으며, 사각형의 대좌 위에 두 그루의 나무를 배치한 광배에 천궁天宮과 비천飛天을 표현했다.

본존은 뺨에 댄 손목 부분이 파손되었는데, 초기 양식인 높은 상투 모양의 머리가 표현되어 있다. 상체는 아무것도 걸치지 않고 있지만, 왼쪽 팔목에 층단을 이룬 옷 주름을 표현했고, 하반신 아래에는 장식이 돋보이는 옷 주름이 의자로 흘러내리도록 만들어졌다.

좌우에 가까이 모시는 보살상은 머리에서 발하는 빛(頭光)을 지녔고, 머리에는 긴 두발을 걸쳤다. 얼굴은 타원형처럼 길고 원만하며 눈은 반 정도 뜨고 있으며 코는 길쭉하게 표현되었다. 입은 양 볼을 살짝 눌러 미소 짓는 듯 보이고, 턱 밑은 살이 올라 통통하다. 대좌에는 가운데 향로를 중심으로 사자와 인왕상을 대칭으로 배치해 이국적인 정서가 아직까지 많이 남아 있다. 하지만 본존과 보살상이 조화롭게 배치되어 있어 마치 작은 불당을 옮겨 놓은 듯하다.

PENSIVE BODHISATTVA

This pensive Bodhisattva was made of white marble. The pensive Bodhisattva is placed in the center and two Bodhisattva statues are placed at its right and left sides. A halo, a pedestal, and a Buddha's body make a whole body. The pensive Bodhisattva is naked in torso, but drapery at its left wrist is described in detail. Two Bodhisattvas at its right and left sides have light shining from their head. Their faces are long and round just like an oval and their eyes are opened in half.

091
—
북제 北齊(550–577)
높이 44.2cm
—
Northern Qi Dynasty
L 44.2cm

100 HIGHLIGHTS

삼채말 三彩 馬

당삼채唐三彩는 저온유 도기로, 한 가지 기형에 세 가지 색채가 들어간 게 아니라 황, 녹, 남, 적색 등 유약의 기본 색깔을 서로 교차로 사용한 것이다. 한대漢代 이후에 납이 들어간 유약을 기본으로 점점 발전했는데, 당唐 고종高宗 시기부터 삼채가 나타나기 시작해 8세기에 가장 유행하였다.

삼채는 먼저 백색 점토로 그릇을 만들고 1,100도의 온도로 구운 다음 유약을 바르고 다시 900도로 굽는다. 유약은 납과 석영을 배합하여, 불에 굽게 되면 투명한 색을 띠는데, 산화가 되면서 산화동은 녹색으로, 산화철은 황갈색으로, 산화코발트는 남색을 띠게 된다. 특히 남색은 어렵게 얻었던 색채였다.

당시 도공들은 이미 금속산화물로 색깔을 얻을 수 있었던 기술을 보유하고 있어, 이러한 색을 바탕으로 기타 엷은 황색이나 적황, 비취, 짙은 녹색 등을 얻을 수 있었다.

당삼채는 주로 도용과 그릇으로 제작되어 무덤에 부장품으로 사용되었다. 이 유물은 말의 잘 빠진 근육을 표현하면서 동시에 삼채 중에서도 얻기 힘들었다는 코발트색을 띠고 있어 보기 드문 수작으로 평가받는다. 여느 삼채말에 비해 크기가 작지만, 조형미가 돋보이는 우수한 작품이다.

HORSE,
THREE-COLOR GLAZE EARTHENWARE

The technique of three colored earthenware is to produce a vessel with white clay at first. Then it is fired at 1,100 Celsius degree and then glazed and then again fired at 900 Celsius degree. Glaze is the combination of lead and quartz. In fire, it becomes transparent, but during oxidation oxidized copper becomes green, oxidized iron, yellowish brown, oxidized cobalt, indigo. Especially the color of indigo was difficult to make at that time. Since this artifact has a hue of cobalt, it is considered as a masterpiece.

092
—
당唐
높이 54.6cm

—
Tang Dynasty
H 54.6cm

동식물무늬 합과 접시
伊萬里色繪花鳥文皿盒

일본 사가현 아리타 지방에서 만들어진 도자기로, 이마리 항구에서 출하된 것에서 유래하여 이마리 도자기라고 불린다. '이로에' 라고 하는 화려한 채색 기법으로 무늬를 장식하였다.

이마리 자기는 에도 시대 중기부터 동인도회사를 통해 유럽에 수출되어 일본 수출 도자의 대명사가 되었다. 접시와 합이 하나의 세트이며, 동식물무늬가 서로 대응된 것이 특징이다.

093
—

일본, 에도시대, 17세기 말

합 높이 34.5cm

접시 직경 32.0cm

—

Japan, Edo,

Late 17th century

Bowl H 34.5cm

Dish D 32.0cm

BOWL AND DISH WITH FLOWER AND BIRD DESIGN

The brightly colored Imari ware, which was produced in Arita, Saga prefecture and traded via the Imari port, represents Edo period Japanese export ware. From the mid-Edo period on, Imari porcelains were exported to Europe through the Dutch East India Company.

094
—
일본, 에도 시대, 19세기
마키에 칠기
—
Japan, Edo,
19th century
Lacquer with maki-e
decoration

칠기 혼수품 婚禮調度

일본의 상류층인 다이묘, 귀족, 부자 상인들이 딸을 시집보낼 때 혼수품으로
준비한 칠기 세트이다. 시집간 딸이 사용하도록 선반, 세숫대야, 칫솔, 화장
도구, 재봉 세트 등을 준비했다. 옻칠에 금·은가루를 섞어서 장식하는 마키에
(蒔繪) 기법으로 화려하게 만들었다.

100 HIGHLIGHTS

LACQUER SET FOR A BRIDE

Aristocratic or wealthy families in Japan usually prepared lacquer sets for their marrying daughters. These sets consisted of daily necessities including tables, water basins, toothbrushes, cosmetics and sewing implements.

물고기를 닮은 용 장식 병 靑磁 魚龍飾 花甁

긴 목에 물고기 모양의 귀가 양쪽에 달린 꽃병이다. 물고기 모양이지만 얼굴
이 용을 닮은 까닭에 어룡이라 부른다. 우리나라 고려청자에도 비늘과 지느러
미 등을 세밀하게 표현한 어룡형 주전자가 있어서 서로 비교해 볼 만하다.
송나라 관요官窯의 품격을 보여주는 이 꽃병의 유색을 가리켜, 중국에서는 분
청粉靑이라 일컫는다. 굽바닥 접지 면을 제외한 전체에 유약을 입혔는데, 일
본에서도 이와 비슷한 형태의 화병이 전해진다.

CELADON VASE WITH FISH-LIKE DRAGON HANDLES

The mouth is widely flared like the extended rim of a jar, and the long
neck has fish-like dragon handles on both sides. The long neck
comprises about half of the total height and is almost perpendicular to
the body.

The shoulder slants slightly downward from the four sides of the neck
and curves to flow into the contours of the body. The base curves
inward. Except for the foot rim, the entire surface was glazed.

095
—
중국, 원 14세기
높이 15.8cm
—
China, Yuan Dynasty,
14th century
H 15.8cm

잎사귀무늬 접시 白磁雙葉文盤

중국의 경덕진요에서 만든 백자 접시이다. 잎사귀무늬를 도드라지게 찍어낸 타원형 접시에 동銅을 시료로 써서 색을 입혔다. 접시 위에는 시의 일부분이 씌어 있는데, 당나라 때 우우라는 선비가 계곡 주위의 풍경을 감상하다 계곡물에 떠내려 오는 낙엽을 발견했다. 그 낙엽은 궁녀 한씨가 시를 적어 흘려보낸 것이었다. 시의 내용은 다음과 같다.

流水何太急 유수하태급 흐르는 물은 저리도 급한가
深宮盡日閑 심궁진일한 깊은 궁궐의 하루는 지루하기만 하네
殷勤謝紅葉 은근사홍엽 은근히 단풍잎에 부탁하여
好去倒人間 호거도인간 내 마음을 세상에 전해 볼까나

그 시를 본 선비는 오랜 시간 그녀를 그리워했고, 다행히 두 사람은 서로 만나 백년가약을 맺게 되었다 한다. 이러한 사연이 시와 함께 후대에 전해진다.

LOBED DISH WITH LEAF IN RELIEF, QING-BAI

A love story of a scholar and a court lady living in Tang Dynasty China is contained in this dish, a piece of Jingdezhen ware. WuWu came across a leaf that a court lady named Han had written a letter on and send it out of the court. This letter conveyed her love of a scholar. Two of four phrases of the letter are depicted.

096
—
중국, 원 14세기
지름 16.4cm
—
China, Yuan Dynasty,
14th century
D 16.4cm

불법佛法을 수호하는 신 天部胸像

현재는 상반신만 남아 있는 소조상塑造像이다. 둥근 얼굴에 활 모양의 눈썹, 살구씨처럼 갸름한 눈, 눈썹으로부터 곧바로 이어지는 콧날 등이 섬세하게 묘사되어 있다. 또한 눈, 코, 입이 얼굴 중앙에 모인 모습은 중앙아시아 조각의 특징을 잘 보여준다. 길게 늘어뜨린 머리카락 때문에 여인을 형상화한 것으로 보는 견해도 있다. 그러나 갑옷을 연상시키는 가슴 부분의 소용돌이 문양으로 미뤄보아, 천부상天部像을 표현한 것으로 생각된다. 상像의 뒷면에는 나무로 만든 심芯이 남아 있어, 원래 불교 건축물의 벽면에 부착했던 것임을 알 수 있다.

TORSO OF A GUARDIAN DEITY OF BUDDHISM

Only torso of a sculpture is left. In a round face, arched eyebrows, slender eyes like apricot stones and the ridge of the nose that starts from right eyebrows are delicately described. Also the way that eyes, a nose and a mouth are crowded in the center of the face shows the very characteristics of Central Asian sculptures. There is another view that it may describe a woman because of its long and loose down hair. But since it has a scroll design in its chest, which reminds of a suit of armor, it is a guardian deity of Buddhism. In its back, there is a wooden part that proves that it was originally attached to the wall of Buddhist architecture.

097
—
투루판 (吐魯番) 무루툭 (木頭
溝), 6-7세기
높이 43.0cm
—
Murtuk, Turpan,
6-7th century
H 43.0cm

창조신 복희와 여와 伏羲女媧圖

중국 문화권과 인접한 투루판 지역의 아스타나 무덤에서 발견된 그림이다. 중국의 천지창조 신화에 등장하는 복희와 여와를 소재로 삼았다. 그림의 중앙에 두 신이 마주 본 자세로 표현되었는데, 왼쪽이 여와, 오른쪽이 복희이다. 두 신은 각각 컴퍼스(規)와 구부러진 자(曲尺)를 들고 있다. 이는 둥근 하늘과 네 모난 땅으로 이루어진 중국의 전통적인 우주관과 관련된 상징물이다. 사람의 모습을 한 상반신과 달리 하반신은 뱀과 같은 형상으로 꼬여 있다.

그림의 가장자리에는 작은 구멍이 여럿 나 있는데, 그림을 천장에 걸 때 못을 박았던 흔적으로 추측된다. 그림을 그린 천은 실을 여러 번 꼰 후에 짠 마로, 여느 것보다 두툼한 느낌이다. 두 폭의 천을 가로로 이어 직사각형 화폭을 마련했으며, 오른쪽 위와 왼쪽 아래 부분에도 이은 부분이 있다. 바탕천은 원래 파란색이었으나, 현재는 가장자리를 제외한 대부분이 초록색으로 바랬다.

신상神像은 강한 묵선으로 윤곽선을 그린 후 붉은색과 흰색 안료를 두껍게 발라 완성했다. 배경에는 해와 달, 별자리가 그려져 있어, 하나의 소우주小宇宙를 재현하고 있다. 세부 표현이 섬세하다고는 할 수 없지만, 선명한 색채와 균형 잡힌 구도로 인해 주목되는 작품이다.

투루판 지역은 일찍이 한족漢族 문화가 소개된 곳이었기 때문에 이곳에서 출토된 부장품에서는 중국적인 소재나 특징이 자주 발견된다. 이 복희와 여와 그림의 경우, 얼굴과 손에 보이는 음영 표현, 해와 달의 형상화 등에서 중앙아시아적인 특징이 잘 드러난다.

FUXI AND NÜWA

This painting depicts Fuxi and Nüwa, the deities in the Chinese traditional creation myth. The upper bodies of the deities appear as human beings, yet their lower bodies resemble those of the snakes. The deity each holds a compass and a ruler, symbolic attributes related to the Chinese traditional understanding of the universe, in which the heaven is round and the earth is square.

098
—
투루판(吐魯番) 아스타나(阿斯塔那), 7세기
189.0 × 79.0cm
—
Astana, Turpan,
7th century
189.0 × 79.0cm

100 HIGHLIGHTS

청동북 銅鼓

이 청동북은 인도네시아 서부 누사 퉁가라 상에앙 섬에서 발견되었으며 '마칼라마우Makalamau' 라고 불린다. 마칼라마우는 '큰 밥공기' 를 뜻한다. 특히 1902년 오스트리아의 민족지학자인 프란츠 헤이거Franz Heger는 동남아시아 출토 동고를 모양·규모·무게·장식·재질에 대한 화학적 분석, 주물 기법 등을 기준으로 분류를 시도했다. 그 분류에 의하면 이 북은 '헤거Heger I' 유형에 속한다.

이 북은 가장자리에 12개의 별과 네 마리의 개구리로 장식되어 있다. 상단과 하단은 사람. 동물. 카누. 기하학적 문양 등으로 장식되어 있다. 기우제祈雨祭를 지낼 때에 사용된 것으로 보인다.

099
—

선사시대
출토지 | 서부 누사 퉁가라,
상에앙 섬
높이 73.0cm, 지름 101.0cm
자카르타 국립박물관 소장
—
Paleometalic period
Sangeang Island,
West Nusa Tenggara, Indonesia
H 73.0cm, D 101.0cm
Collection of Museum National
Jakarta

KETTLE DRUM

This is called 'Makalamau' found in Sangeang Island, West Nusa Tenggara, Indonesia belonging to type 'heger I'. 'Makalamau' means a big rice bowl. This tympanium is decorated with twelve pointed stars with frogs around the edges. The upper and lower parts consist of decoration like, human, animals, canoes and geometric motifs. It was used probably for 'calling rain' ceromony, communication and burial container

가네샤 석조신상

가네샤는 힌두교의 여러 신神 중 하나로 지혜와 배움, 그리고 행복을 관장하는 신으로 알려져 있다. 가네샤는 힌두교의 주요 삼신 중 하나인 시바와 그의 부인 파르바티 사이에서 태어난 아들이다.

전설에 의하면 어느 날 파르바티가 목욕을 하기 위해 아들 가네샤에게 밖을 지키라고 했다. 가네샤는 그의 아버지조차 들어가지 못하도록 막았다. 시바는 가네샤의 행동에 화가 나서 목을 베어버렸는데, 이로 인해 파르바티가 슬픔에 잠기자 시바신이 다시 아들의 몸에 생명을 불어넣었다. 그리고 없어진 아들의 머리 대신 자기 옆을 맨 처음 지나가던 코끼리의 머리를 떼어 붙였다.

오늘날 힌두교인들은 가네샤가 장애물을 제거하고 지혜를 알려준다고 믿어, 사업을 시작할 때나 사업의 번창을 기원할 때면 가네샤 상을 찾곤 한다

GANEŚA

Ganeśa, the son of Siva and Parvati, is a Hindu god with an elephant's head. According to one legend his elephant head was acquired after his mother put him outside of the house to guard the doorstep while she took a bath. He bared the way of his father whereupon Siva inadvertently decapitated him. His mother vowed to secure a head for him from the first passing creature, which happened to be an elephant. Ganeśa is looked to when people commence new works because it is known for its ability to remove obstacles.

This sculpture shows Ganeśa sitting on top of a lotus flower pedestal wearing a crown decorated with half-moon and skull designs. Ganeśa's forehead displays the 'Third Eye' as well

100
—

9-10세기
출토지 | 중부 자바 스마랑
86.0×60.0×40.0cm
자카르타 국립박물관 소장
—

9-10th century
Semarang, Central Java
86.0×60.0×40.0cm
Collection of Museum
National Jakarta

100선選,
국립중앙박물관 소장품의 백미白眉

'명품名品'의 사전적 정의는 '훌륭하여 이름이 난 물건이나 작품'이다. 오늘날 명품이란 단어는 일반인 사이에, 특히 유행에 민감한 젊은 세대들의 대화 가운데서도 자주 사용된다. 이들에게 명품은 예술품보다 물건, 즉 의상이나 장신구 등 실제 사용하는 상품을 지칭한다. 아울러 컴퓨터에 있는 내 전자 사전에는 자신들보다는 부모 세대가 지닌 경제적 풍요에 힘입어 '고가의 수입 정장이나 가방, 구두, 액세서리 등의 명품 소비를 일상화하여 그들의 정체성正體性을 찾는 명품 소비의 새로운 주체로 떠오른 20대 초·중반의 젊은이들'을 지칭하는 이른바 명품족(Luxury Generation)이란 단어가 있다. 이 단어는 값 비싼 외제 모방품인, 세칭 짝퉁으로 사회에 물의를 일으키는 등 이를 보는 곱지 않은 시선에서 부정적인 의미를 포함하기도 한다.

하지만 단순한 상표명商標名만이 아닌 아름다운 디자인, 실용성實用性, 견고함 등 여러 이유에서 오랜 세월 변함없이 사랑받는 것들이 있다. 이에 세계 도처에서 명품은 줄기차게 탄생되며 이에 대한 기대는 변함없이 지속된다. 물건이나 상품이 아닌 예술품으로 작품 영역에의 기대치로 명품 소유에의 욕구가 항구적恒久的임은 우리 인간 심리의 숨길 수 없는 속성의 하나이기도 하다. 헤아려 보면 오늘날 문화재文化財로 지칭되는 것 중에는 부장 용품이나 의식에 사용되는 것들도 없지 않으나 목가구와 청자와 백자 등 도자기의 대부분이 생활 용기였던 점을 감안하면 생활과 명품의 함수 관계는 비교적 선명해진다.

우리나라에 있어 명품이란 단어는 일상의 생활 용품이나 상품에 앞서 1970년대 초 전통 문화인 고미술古美術 분야에서 먼저 사용되었다. 박물관에서 앞서 사용되었던 셈이다. 〈고려청자명품전〉(1989. 9. 12~10. 31)

01 빗살무늬토기

등 국립박물관을 비롯해 사립박물관이나 미술관에서 개최한 특별 전시나 『국립중앙박물관명품도감』이나 『호암미술관명품도록』(1984) 등 도록 명칭에 '명품'이라는 단어가 주로 사용되었다. 이는 우리뿐 아니라 일본, 중국 등 한자 문화권의 공통된 양상이다. 그러나 지금에 와서 명품이란 용어는 예술품보다는 주로 일반 상품에 사용된다.

　　『한국국립중앙박물관명품도감韓國國立中央博物館名品圖鑑』이 처음 발간된 것은 덕수궁 내 석조전에 위치한 국립박물관이 1972년 경복궁 내 신축 건물(현 국립민속박물관)로 이전하여 국립중앙박물관으로 명명된 때였다. 당시로선 최초로 원색 도판들로 구성된 도록으로 간행사(삼화출판사)에 의하면 '그 시대의 모범模範이 되며 그 부분部分의 으뜸으로 삼을 만한 우수품優秀品 100점을 엄선'한 것으로 나타나 있다. 여기에 게재된 도판은 118점이다. 〈빗살무늬토기〉[01]를 시작으로 조선시대 말인 19세기 〈화각장함華角欌函〉에 이르기까지 청동기, 철기시대, 삼국시대, 통일신라, 고려, 조선 등 시대 순에 의해 장르별로 게재했다. 이 가운데 평남 대동군 석암리 제9호분 출토 〈박산로博山爐〉와 〈허리띠 버클金製鉸具〉[02] 등 우리 강토에서 출토된 낙랑樂浪 유물도 2점 포함되었다.

　　이 도록의 특징은 당시 고고학계 상황을 반영하듯 구석기시대와 가야 유물은 단 한 점도 실리지 못했으나, 1971년 한강 유역인 암사동 신석기시대 주거지에서 출토된 〈빗살무늬토기〉 외에 같은 해 백제 무령왕릉 출토 일괄 유물이 12건이나 게재되는 등 새로 발굴된 유물들이 대거 수록되었다는 데 있다. 신라의 경우, 1945년 우리 손에 의해 처음 발굴된 호우총 출토 〈청동호우〉를 제외하곤 고분 출토 유물의 대부분이 일제 강점기에 출토된 것들이어서 백제에 비해 상대적으로 비중이 낮게 다루어졌다. 반면 도자 공예 35점 중 청자가 23점이 선정되는 등 고려에 크게 비중을 두었음을 알 수 있다.

　　경복궁에서 중앙청으로 개축 이전한 1986년에 도판 180점을 게재한 『국립박물관소장명품도감國立博物館所藏名品圖鑑』이 전술한 도록과 마찬가지로 삼화출판사에서 간행되었다. 도록 명칭이 시사하듯 지방 국립박물관 유물도 포함되었다. 1970년대와 1980년대 우리나라 고고학의 눈부신 성과를 두루 반영한 도록으로, 특히 1970년대 전반 발굴된 황남대총皇南大塚 북분과 남분 출토품 그리고 천마총天馬塚 출토 금관 등 장신구류가 대거 포함되었으며, 선각의 당초문唐草文에 어자문魚子文이 시문되어 서역西域과의 교류를 시사하는 안압지雁鴨池에서 출토된 초 심지를 자르는 가위인 〈금동협金銅鋏〉도 포함되었다. 목칠 가구도 2점에서 7점으로 대거 늘었으며

02 허리띠 버클

도자 공예에 있어서는 조선시대 분청사기粉靑沙器 및 특히 백자白磁의 비
중도 높아졌다. 상대적으로 회화에 대한 비중도 15점에서 23점으로 증가해
김정희의 제자인 조희룡趙熙龍(1769-1866)의 〈매화서옥도梅花書屋圖〉와
새로운 감각으로 조명된 문인화가 홍세섭洪世燮(1832-1884)의 〈헤엄치는
오리游鴨圖〉[03] 등 조선 말 19세기 그림도 포함되었다. 그러나 그때까지는 고
려나 조선 왕조를 막론하고 불화佛畫와 서예書藝는 명품에 한 점도 포함되
지 못했다.

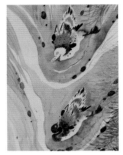

03 헤엄치는 오리

　　　이어 2005년 용산 이전 개관 이듬해 새롭게 간행하기에 이른다.
30년 가까운 흐름 속에 새로운 발굴과 기획전 등 고고학과 미술사에 있어 괄
목할만한 발전이 있었고, 역사부歷史部 신설에 따른 역사관과 일본과 중국
및 중앙아시아 등을 위한 아시아관, 여러 기증품을 전시한 기증관 등에 의해
명품 대상의 범위도 확장되었다.

　　　예술품에 있어 걸작傑作이나 명품을 얘기할 때 먼저 떠오르는 단
어는 다름 아닌 국보國寶이다. 국보는 우리 인류 역사의 긴 여정에서 한민족
이 이룩해낸 독특하고 독창적이며 아름다운 가시적可視的인 문화 유산, 즉
문화재文化財에 주로 사용되는 용어이다. 광의로는 국보, 보물, 중요 문화재
등 전체를 아우른다. 일당백一當百이나 군계일학群鷄一鶴이란 용어는 사람
만이 아닌 존재하는 모든 것에 해당될 수 있는 용어로 문화재에도 해당된다.
밤하늘을 장식한 무수한 별 가운데서도 유난히 큰 별이 있는가 하면 같은 종
류의 꽃 가운데서도 유난히 돋보이는 것들이 있고, 같은 명소名所라 해도 때
에 따라 승경勝景의 느낌은 같지 않다. 문화재도 마찬가지다. 인류의 보편적
인 미의식美意識에 공감을 주는 보편성普遍性, 독자성獨自性과 독창성獨
創性, 나아가 유일성唯一性을 모두 갖출 때, 그리하여 인간의 긍지肯志와
자존심自尊心을 고양, 고취시킨 것들은 한 국가나 민족을 넘어 인류 모두가
아끼고 간직하게 된다. 다름 아닌 유네스코의 세계문화유산이 바로 그것이다.

명품의 성찬聖餐 - 더욱 완전해진 세 번째 명품선

『국립중앙박물관 100선』에 앞서 먼저 밝힐 것은 국보 또는 보물로 지정되지
않은 유물도 포함되었다는 것이다. 우리나라는 문화재 지정에 있어 보존保存
의 차원에서 국립박물관 등 국가 소유보다는 개인 소장품에 보다 큰 비중을 둔

점이 없지 않다. 그래서 국립박물관에는 지정되지 않았어도 이에 진배없는 동가同價를 지닌 것들이 적지 않다. 아울러 1319년 원元 화가 진감여陳鑑如가 그린 성리학자 이제현李齊賢(1287-1367)의 초상인 〈익재영정益齋影幀〉(국보110호) 등 외국 문화재는 한 두 예를 빼곤 지정된 바 없으니, 이 점은 우리나라 문화 행정이 일본과 다른 점이다. 이따금씩 남대문이 국보 제1호인 점에 대해 말들이 없지 않으나, 지정 번호 그 자체는 우월優越 순위가 아닌, 단지 지정된 순서順序일 뿐이라는 사실을 인식할 필요가 있다. 일본에서도 지정 번호가 있음에도 굳이 이를 밝혀 적지 않는 이유 중에는 일반인들에게 그와 같은 오해를 주지 않기 위한 측면도 지닌다고 한다.

현재 국립중앙박물관은 우리만이 아닌 동양 전반을 아우르는 확장된 전시 공간과 진열 유물 수 등 박물관의 규모가 전과 달리 커져 제대로 감상하려면 많은 시간이 요구된다. 이런 상황에서 단순히 국립중앙박물관이 자랑할 만한 100선의 차원에 그치지 않고, 관람객을 위한 에센스(精華) 100점을 선정한 것은 의미가 있다. 시간 부족 등 여러 가지 이유로 인해 전체를 관람하기 힘든 관객들이 100선을 중심으로 집중적으로 관람한다면 문화 전반에 대한 인식과 이해를 높일 수 있기 때문이다. 바로 이러한 취지로 기획된 것이 '국립중앙박물관 100선' 선정의 1차 의의라 하겠다.

일반적으로 재조명再照明이나 재해석再解釋이란 단어가 시사하듯, 작품이나 인물에 대한 평가는 보는 사람의 시각에 따라 다를 수 있다. 그러나 오랜 세월이 흘렀음에도 불구하고 관심의 대상으로 계속 거론된다는 것은 분명 의미를 지닌다 하겠다. 역사의 평가는 때로는 냉혹하면서도 설득력이 있으며 비교적 선명하다. 결국 생명력이 긴 예술품이 다름 아닌 명품이며, 고전古典인 것이다.

존재하는 모든 것은 변한다. 긍정, 부정의 여부와는 별개로 세상에 바뀌지 않는 것은 없다. 국립중앙박물관이 광복 60주년이 되는 해인 2005년 가을, 경복궁과 덕수궁 등 몇 차례 고궁古宮을 전전하다가 한강이 내려다보이는 용산의 9만 2천여 평 부지에 연면적 4만 평의 매머드 규모로 새롭게 태어났다. 이전의 고고 미술考古美術 중심의 박물관에서 동일 성격의 '고고관'과 '미술관' 외에 '역사관'과 범위를 넓힌 '아시아관' 그리고 '기증관' 등이 새롭게 추가, 확장되었다. 이렇게 전시 공간이 넓어짐에 따라 전체 관람에 상당한 시간이 요구된다. 이에 관람자인 고객 형편에 맞춰 비교적 짧은 시간에 중요 유물만을 선별해 볼 수 있도록 대표적인 유물 100점을 선정하기에 이르렀다.

'고고관'은 도입부에 이어 구석기부터 신석기, 청동기·초기 철기, 원삼국, 고구려, 백제, 가야, 신라, 통일신라, 발해 등 11실로 구성되어, 시대 순을 따른다. 가야실의 비중이 커지고 비록 극히 제한된 점수이나 발해실이 새로 마련된 것은 큰 의미를 지닌다 하겠다.

이에 대해 2관으로 구성된 '미술관'은 삼국시대부터 조선 말까지를 2층 1관에, 서예, 회화, 불교 회화, 목칠 공예실을 3층 2관에, 불교 조각, 금속 공예, 도자 공예 3실(청자, 분청사기, 백자) 등 9실은 장르별로 전시되고 있다. 무엇보다도 서예실과 서화실, 신설된 불교 회화실佛敎繪畵室이 이어져 서화 양자를 함께 감상할 수 있는 점과 불화 및 궁중 장식화와 민화民畵도 진열에 포함되어 일반 감상화를 비롯해 우리 그림 전체의 흐름을 엿볼 수 있는 것이 주목된다.

한편 이들 고고 미술과 중복되는 부분이 없지 않으나, 이 두 범주에 담기 어려운 것들을 위해 신설된 1층 '역사관'은 과학사적 맥락을 살필 수 있다. 한글, 연표, 인쇄, 금석문, 문서, 지도, 왕과 국가, 사회 경제, 전통 사상, 대외 교류 등 10실에 우리 문화의 특성과 흐름을 주제별로 세분해 보여준다.

'아시아관'은 우리 역사와 문화에 있어 밀접한 관계에 있던 중앙아시아와 중국 및 일본 등 3실 외에, 우리 강토疆土에서 전개된 낙랑樂浪 출토품과 우리 해안에서 인양引揚된 신안해저문화재 등은 별도의 실이 마련되어 모두 5실로 이루어졌다. 앞으로는 이들 세 국가 문화재의 질적 보완 외에 인도나 베트남, 필리핀, 미얀마, 티베트, 몽고 등 아시아 다른 국가들도 포함되어야 할 것이다. 물론 이를 위해 비워둔 공간도 있다.

'기증관'은 용산 개관 전에 기증된 유물들로 별로의 독립 공간을 지닌 점에서 의의를 찾을 수 있다. 국립중앙박물관에는 1946년 이후 200명이 넘는 기증자들이 기증한 문화재가 2만 2천 점을 넘어 소장품의 10% 이상을 점한다. 박물관은 이를 기증자 별 코너를 두거나 별도의 공간에 진열장을 달리해 독립적으로 전시했다. 이 공간은 앞으로 더 기증할 사람들을 위해 비워둔 부분도 있다. 근 5천 점 가까운 유물을 기증한 이홍근, 김종학, 유강열, 최영도, 박병래, 유창종 등 국내 기증자 외에 일본인으로 가네코 가즈시게, 이우치 이사오, 하치우마 다다스 등도 있다.

04 덧무늬토기

넓어진 시계視界 –이웃 나라 문화재 포함

『국립중앙박물관 100선』은 우리 민족이 이 땅에 자리 잡아 살면서 남긴 삶의 흔적을 담은 여러 조형물 중에서 구석기시대부터 20세기 초에 이르는 장구한 시간의 흐름 속에 역사적 의의가 큰 유물과 미적 성취가 높은 조형 예술 가운데 국립중앙박물관 전시품 가운데 고르고 추린 것들이다. 그간 크게 성장한 고고학과 미술사의 연구 성과를 바탕으로 한민족의 역사와 문화에 대한 바른 이해를 바탕이 됨은 재론의 여지가 없다.

　　　　세기世紀를 달리해 21세기로 접어들어 새롭게 개관한 국립중앙 박물관의 전시에 맞춰 기획된 이번 100선에 늘어난 공간과 함께 새롭게 발굴 되고 조명된 명품들이 포함됨은 지극히 당연한 귀결이 아닐 수 없다. 전술한 두 차례 도록에선 100선을 표방했으나, 첫 도록이 118점, 두 번째가 180점으 로 정확히 100점은 아니었으며 낙랑을 제외하곤 모두 우리 문화재로 우리 문 화재 중심이었다. 이번의 경우 정확히 100점을 선정했으니 이 가운데 국보가 32점, 보물이 17점에 이른다. 선정된 것들은 우리 문화재가 중심이며 주류를 이루나 중국 5점, 중앙아시아 2점, 일본 2점, 인도네시아 2점, 미얀마 1점 등 외국 문화재가 12점이 포함되어 우리 것만이 아닌 점에서도 차이가 있다.

　　　　1976년 초 일본 3개 도시를 순회하여 큰 반응을 얻고, 이어 1979 년부터 1981년까지 미국 8개 도시, 그리고 1982년 독일과 영국 등을 순회한 〈한국미술 5천년〉이라는 국외 전시 명칭이 시사하듯 그 상한선은 신석기시대 〈빗살무늬토기〉이다. 그러나 그보다 2천년 이상 소급되는 토기인 〈덧무늬토 기〉04 등도 확인되어 한국 미술은 7-8천년으로 확장된다. 아울러 구석기시대 유물들도 우리나라 도처에서 발굴되어 이번 100선 가운데 가장 시대가 올라 가는 것은 '구석기실'에 전시된 〈주먹 도끼〉05부터이다. 이 유물은 우리나라 구석기시대 전기(70만 년 전~12만 년 전) 석기를 대표하는 유물의 하나로 경 기도 연천 전곡리 선사 유적에서 출토되었다.

05 주먹 도끼

장엄莊嚴한 불교 미술 – 전통 미술의 주류主流

우리 민족의 미적 정서美的情緖와 의식 구조 속에는 불교佛敎의 영향이 지 배적이다. 4세기 우리 영역에 도달한 불교는 단순한 개인 신앙 차원을 넘어 고

대 국가의 탄생에 있어 정치, 사회적 기능과 역할도 지대했다. 이는 로마의 성
장에 있어 기독교 공인公認이 지닌 의미와 같은 양상이다. 인도에서 탄생한
불교는 동점하여 중국을 지나 한국과 일본에 이른다. 종교 미술은 비록 감상
만을 위한 미술은 아니나 지고지순至高至純을 추구해 화려華麗와 장엄莊嚴
을 공통 분모로 해 국제적인 양식과 더불어 토착화 과정을 통해 각 민족의 고
유한 미감을 바탕으로 각기 구별되는 다양한 꽃을 피운다.

06 '연가7년' 이 새겨진 부처

　　불교 미술은 명산대찰名山大刹이란 단어가 시사하듯 승경勝景
에 자리 잡은 사찰寺刹과 그 안에 놓인 탑과 부도 등 일련의 건축, 사리장엄구
舍利莊嚴具를 비롯한 범종梵鐘 등 의식儀式에 사용되는 공예, 부처로 대변
되는 불상 등 조각, 불화 등 조형 미술 전반에 걸쳐 있다.

　　우리나라 불상의 재질은 목조, 소조塑造, 순금, 금동, 석조 등 여
러 가지이나, 이 가운데 불에 약한 목조의 대부분은 잦은 전쟁으로 사라졌다.
〈'연가7년(延嘉七年.)' 이 새겨진 부처〉 06 (국보119호)는 자체 연기年紀를 지
닌 현존 최고의 금동불로, 이른 시기임에도 불구하고 중국과 구별되는 고구려
미술의 특징인 '굳셈' 과 '당당함' 을 보여준다. 6세기 후반과 7세기 전반에 제
작된 금동으로 된 국보78호와 국보 83호 두 〈반가사유상〉의 제작 시기는 의
견이 모여지나 이들 불상의 국적國籍에 대해선 학자에 따라 이견이 있다. 그
러나 삼국 문화의 성장과 국토 통일의 전조前兆를 보인 양 삼국시대 조각사
의 분수령을 이루는 걸작傑作임에는 틀림없다.

　　통일신라 불상으로는 1942년 경주에 있는 황복사 터皇福寺址 3
층 석탑 해체·복원 시에 사리함 뚜껑에 706년의 연기가 있는 금동사리함이
발견되었다. 그 안에 사리 용기·굽다리접시·유리 구슬 등과 함께 〈부처 입
상〉(국보 80호)과 〈아미타불 좌상〉(국보 79호) 불상 2구 등이 들어 있었다.
입상은 692년 탑 조성 때, 좌상은 나중인 706년 만들어 넣은 것으로 삼국시대
고분출토 장신구에 이어 통일신라 금속 공예 수준을 짐작하게 한다. 감산사지
甘山寺址에 있던 실물대實物大의 돌로 된 몸을 약간 비튼 여성적인 〈미륵보
살〉(국보 81호)과 당당한 〈아미타불〉(국보 82호)은 8세기 중엽 석굴암에 앞
서 전반의 석조 조각의 수준을 짐작케 한다.

　　신라 하대에는 선종禪宗과 함께 철불 제작이 본격화된다. 지방에
서 대규모 철불이 만들어졌으니, 경기도 하남에 위치한 절터(下司倉里寺址)
에 있던 〈부처〉 07 (보물 332호)는 석굴암 본존과 같은 자세를 취한 불상으로
돌로 된 대좌와 광배를 제외한 높이가 288cm, 6.2톤에 이르는 당당한 형태로
현존 우리나라 최대 철불鐵佛이다.

07 부처

08 고달사 쌍사자 석등

석조물로 석탑과 스님의 유골을 안치한 부도浮屠라 불리는 승탑僧塔, 석비石碑, 석등石燈 등이다. 이들 대부분은 너른 야외에 전시되어 있다. 통일신라 844년 건립한 〈염거화상 탑廉居和尙塔〉(국보 104호)은 팔각당八角堂 모양으로 이 양식은 통일신라 후기에서 고려시대 전기까지 이어진다.

1층을 동서로 연결하는 긴 복도인 '역사의 길'에는 그 중앙부에 경기도 여주 고달사지高達寺址에 있던 고려시대 제작된 〈고달사 쌍사자 석등〉08 (보물 282호)이 있다. 이 석등은 통일신라 쌍사자 석등을 계승한 것이다. 사찰의 법당 앞에 세워진 석등은 미륵사지에서 알 수 있듯 이미 삼국시대부터 보이는데 통일신라에 이르러 8각角 간주석 형태와 원형 간주석에 중간이 북 모양의 마디를 둔 형태도 만들어졌다.

고려시대 충목왕 4년(1348)년에 경기도 개성에 위치한 경천사敬天寺 내에 대리석으로 세운 〈경천사 십층석탑〉(국보 86호)은 13.5m에 이른다. 원元의 영향이 보이는 이 탑은 양식의 측면에서 조선시대 〈원각사 십층탑〉으로 이어진다. 일본에 밀반출되었다가 환수되어 1960년에 다시 경복궁 내 뜰에 복원되었다. 그러나 오랜 시간 산성비 등의 요인으로 인해 훼손된 관계로 보존 처리를 거쳐 실내로 들여와 '역사의 길' 동쪽 끝에 자리 잡게 되어 장식적이며 정교하면서도 당당한 외모를 드러냈다.

공예 범주로 불교 미술에 속한 것으로는 탑 속에 안치한 사리장엄구舍利莊嚴具, 범종梵鐘·정병淨瓶·향완 등 법구法具이다. 경주 감은사지感恩寺址 동서 두 석탑 모두에서 사리기가 나왔다. 1959년 서 탑의 해체·복원 때와 마찬가지로 1996년 동 3층 석탑 해체·복원시 나온 〈감은사지 동삼층석탑 사리기〉(보물 1359호)는 이른바 가마나 전각 형태로 보장형寶帳形 사리기로 통일신라 양식을 대변하는 예이다.

범종은 그윽하고 맑은 소리, 한 마리 용으로 된 종뉴, 음관音管, 유려한 곡선을 이룬 외형, 종신鐘身에 있는 비천飛天 등 아름다운 장식 등으로 이른바 조선 종朝鮮 鐘으로 지칭될 만큼 개성과 특징을 지닌다. 이미 통일신라 때 정형화된 양식으로 현존 최고의 명문이 있는 725년 만든 〈상원사 종〉과 771년 제작한 〈성덕대왕신종〉에 잘 알려져 있다. 이어 고려시대 1010년 명문이 있는 충북 청원군에 있던 천흥사天興寺에 있던 〈천흥사 종〉(국보 280호)은 신라 양식을 따른 예로 부분적으로 변화를 보인다.

역시 사찰에서 사용한 것으로 정병淨瓶을 빠트릴 수 없다. 원래 스님들의 물병에서 시작해 불단에 맑을 물을 올리는 공양구로 되었다. 고려시대는 동일 형태에 같은 무늬를 담은 청자로도 많이 제작되었다. 청동靑銅에

09 물가풍경 무늬 정병

한가롭고 평화로운 물가 풍경을 은입사銀入絲로 빼곡히 기면 전체에 시문한 〈물가풍경 무늬 정병〉[09](국보 92호)은 세월의 흐름 속에 바탕의 청동은 녹색으로, 은사는 검게 변색되어 아름다움을 더한다.

10 청자 연꽃넝쿨무늬 매병

빛나는 공예工藝와 도자 왕국, 세련된 금속·목칠 공예

국립중앙박물관 소장품 가운데 그 양과 질에 있어 돋보이는 것은 단연 도자 공예이다. 우리나라 미술사 전반에 있어 다른 분야와 달리 도자사陶磁史는 유일하게 빈 시간 없이 선사시대로부터 오늘에 이어진다. 신석기시대 덧무늬 토기로부터 긴 흐름은 10세기 이전 두드리면 맑은 쇳소리기 이른바 자기磁器를 만들게 되었으니 이는 동시대 지구상에 중국, 우리나라, 베트남 등 단지 세 나라뿐이었다.

비록 중국보다는 늦었으나 청자靑磁는 비색秘色으로 대변되는 깊고 푸른 비취색, 자연스런 형태形態, 유려한 곡선曲線을 자랑한다. 구름과 학, 들국화, 평화로운 물가풍경(蒲柳水禽文) 등의 무늬를 넣기 위해 기형 표면을 파내고 붉고 흰 두 가지 흙으로 메꾸는 상감기법象嵌技法 등도 특징이라고 하겠다. 당시 우리 조상들이 중국의 당삼채唐三彩를 만들지 못한 것은 아니나, 우리 미감美感과 다르기에 제작하지 않았다. 그러나 청자에 구리(酸化銅)를 이용해 붉은 점무늬를 낸 것은 중국보다 앞선 사실이 확인되었다.

〈청자 연꽃넝쿨무늬 매병〉[10](국보 97호), 〈청자 참외 모양 병〉(국보 94호), 〈청자 사자장식 향로〉(국보 80호), 〈청자 칠보무늬 향로〉(국보 95호), 〈청자 모란넝쿨무늬 조롱박 모양 주전자〉(국보 116호) 등 참외와 연꽃, 석류, 조롱박, 오리, 원숭이, 사자 등 동식물을 그대로 옮겨 마치 조각처럼 보이기도 하며, 〈청자 모란무늬 항아리〉(국보 98호), 〈청자 버드나무무늬 병〉(국보 113호) 등은 무늬가 마치 한 폭의 그림을 보는 듯 회화성이 두드러진다.

관료적 귀족 국가의 섬세하고 세련된 미감과 불교의 청정무구清靜無垢한 선禪의 세계를 담은 고려청자와 달리 성리학을 바탕으로 해맑고 반듯하며 검박儉朴한 선비의 마음이 깃든 조선 왕조의 새하얀 백자白磁는 각기 구별된 아름다움의 세계를 표출한다. 조선 초 백자에 상감 기법으로 시문한 〈백자 연꽃넝쿨무늬 대접〉(국보 175호), 목이 가늘고 긴 병의 목에 철사로 과감하게 끈을 그린 〈백자 끈무늬 병〉[11](보물 1060호), 어깨가 넓어 당당

11 백자 끈무늬 병

12 분청사기 구름 용무늬 항아리

한 기형에 마치 먹으로 친 대나무나 매화처럼 유려한 필치로 화원이 철사鐵砂로 무늬를 그린 〈백자 매화 대나무무늬 항아리〉(국보 166호), 표면 그림이 한 폭의 문인화를 보는 듯한 〈백자 매화 대나무 새무늬 항아리〉(국보 170호), 원만하고 너그러운 모습의 〈백자 달 항아리〉 등은 조선의 아름다움을 대표하는 백자들이다.

　　아울러 청자에서 백자로 옮겨가는 시점에 탄생한 분청사기粉靑沙器는 상감, 인화, 조화, 박지, 귀얄, 덤벙, 철화 등 다양한 시문 기법으로 분출(奔出)하는 생명의 약동躍動을 느끼게 한다. 규모가 있는 〈분청사기 구름 용무늬 항아리〉12 (국보 259호)와 〈분청사기 모란넝쿨무늬 항아리〉, 납작한 술병인 〈분청사기 모란무늬 자라병〉(국보 260호) 등 고려에서 조선에 이르는 각종 도자기들은 우리 민족의 가락 잡힌 미의식을 잘 반영한다.

　　우리나라 금속 공예는 청동기시대 의기儀器와 각종 무기武器, 그리고 고분시대 말갖춤(馬具)을 비롯한 장신구裝身具, 불교 전래 이후 각종 법구 및 거울과 식기 등 일반 생활 용기를 두루 포괄한다.

　　목기 중에서는 생활 공간에 놓여 소용된 가구 종류로 아녀자방 바느질 소용의 〈나전 반짇고리〉가 눈에 띄는데, 나지막한 상자 네 면에 화조와 물고기 등을 나전으로 밝아 친근미를 더한다.

　　사랑방은 책을 읽으며 미래를 꿈꾸며 친구를 만나 담소를 나누는 남성 전용 공간이었다. 이곳에는 실용성과 더불어 조촐한 장식이 가능한 문방사우文房四友 등이 올라앉을 나무에 가공을 최소한 피한 목가구木家具들이 놓인다. 비스듬히 팔을 괴는 〈팔걸이〉도 있고, 간결한 구성에 쾌적한 비례로 눈맛이 시원한 〈사층 사방탁자〉에는 책 외에 수석 등이 놓이며, 서류를 넣고 필통이나 연적 등을 놓는 〈문갑〉은 낮고 좁으나 넓지 않은 방에 적합한 크기이다.

13 태자사 낭공대사 비석

우리 글씨와 그림의 어엿함 -한자 문화권에서 독자성獨自性 지켜

국립중앙박물관은 1만 7천여에 이르는 국내에서 가장 많은 양의 서화가 간직된 곳이다. 서예書藝란 용어가 암시하듯 글씨가 예술의 범주에 속함은 그림에서 글씨가 태어났고, 그림 그리는 것과 글씨 쓰는 붓이 동일한 한자 문화권에서 가능한 일이었다.

　　'서예실'은 우리나라 서예의 흐름을 잘 알 수 있도록 삼국시대 금석문의 탁본拓本부터 조선 말 명현名賢의 글씨로 구성되었는데, 통일신라 우리 서예의 시조始祖인 김생金生(711-791경)의 글씨를 집자해 고려시대 954년 세운 〈태자사 낭공대사 비석太子寺朗空大師碑石〉[13]은 우아하면서도 장중한 서체를 자랑한다. 조선시대 1596년 석봉체石峯體를 이룩한 한호韓濩(1543-1605)가 쓴 〈두보 시杜甫詩〉, 1661년 미수체眉叟體의 주인공 허목許穆(1595-1682)이 쓴 〈척주동해비陟州東海碑〉, 그리고 추사체를 창안한 김정희金正喜(1786-8956)가 자신의 별호에 관한 글을 홍지에 쓴 〈묵소거사 자찬墨笑居士自讚〉[14] 등은 우리나라 회화사에 큰 획을 긋는 작품들이다.

14 묵소거사 자찬

　　　　삼국시대 회화의 위상은 고구려 고분 벽화가 대변한다. 오늘날 확인된 100기基가 넘는 만주와 평양 일대 주로 분포된 고구려 벽화 고분은 중국의 영향으로 시작되었다. 그러나 4세기에서 6세기 말까지는 중국에 비해 수적으로도 월등히 많고, 5세기 이후 고구려 독자적인 특징을 지닌 벽화로 발전하여 화려한 채색과 활달한 필치 등 동양의 고분 벽화에 있어 주류를 이룬다. 이들은 2004년 세계문화유산으로 등재되었다.

　　　　국립중앙박물관에는 조선총독부박물관이 1912년 동경미술대학교의 오바스네키치(小場恒吉)와 오오타 후쿠조(太田福藏)에 의뢰해 당시 조사된 중요 고분의 벽화를 실물 크기로 모사한 것이 100여점 소장되어 있다. 〈강서대묘江西大墓〉는 남포시 강서구역 삼묘리에 위치하는 고구려의 대표적인 돌방 벽화 고분으로, 잘 다듬은 네 벽면 위에 꽉 차게 등장한 〈사신도四神圖〉는 동적이면서도 유려한 필치에 화려한 채색으로 생동감이 넘쳐 동아시아 고대 회화에 있어 고구려가 점하는 실상을 설득력 있게 전해준다. 오늘날 전래 화적이 드문 백제나 신라도 회화는 같은 수준으로 사료된다.

　　　　조선시대 그림을 중심으로 장르별로 진열하고 있는 '회화실'은 작품 보존의 차원에서 전시품이 일정 주기로 교체 진열된다. 각 시기와 시대 화풍을 대변하는 그림들로 분야별로 조선 그림의 특징을 잘 보여주는 명품이 선정되었다. 먼저 한자 문화권의 그림에서 가장 빛나는 성취로 간주되는 산수화로는 고려시대부터 유행된 지식인들의 계모임을 다룬 기록적인 성격의 그림은 16세기 전반에 한 정형定型을 이룬다. 1540년 제작된 〈미원계회도薇垣契會圖〉(보물 869호)는 바로 이 사간원 관리들의 친목 모임을 그린 계회도이다.

15 금강산

　　　　'조선의 화성畵聖'으로 지칭되는 정선鄭敾(1676-1759)은 진경산수眞景山水를 창안하여 조선 그림의 독자성獨自性과 어엿함을 드러낸 문인 화가이다. 〈금강산楓嶽圖帖〉[15]은 금강산金剛山을 다녀온 뒤 1711년 그린 기행사경도이다. 80세가 넘도록 붓을 놓지 않았던 그에게는 36세 때 그림

16 서직수 초상

이니 비교적 이른 시기에 속한다. 이인문李寅文(1745-1824 이후)의 〈끝없이 펼쳐진 강과 산江山無盡圖〉은 미술사가 오주석이 얘기했듯이 '조선 왕조의 지도 이념을 바탕으로 위대한 자연과 평화로운 인간 삶의 영원성이란 주제를 독창적인 구도와 정치精緻한 세부 묘사로 그려낸 세계 회화사에 빛나는 명작'이다. 가을 풍광을 배경으로 길을 떠난 두 인물로 시작해 도중에 접하는 다양한 삶의 정경과 아름답고 장엄한 자연 경관을 8m가 넘는 긴 두루마리에 전개시키고 있는데 규모나 기량, 필치, 격조 모두에서 돋보이는 그림이다.

　　　　풍속과 인물화는 조선의 '화선畵仙'으로 불리는 김홍도를 꼽을 수 있다. 도석인물道釋人物로 이름을 얻기 시작해 산수, 인물, 초상, 화조, 사군자, 불화 등 모든 방면의 그림에 두루 뛰어난 거장巨匠이다. 사농공상士農工商 모두를 애정 어린 시선으로 25점 화폭에 담은 〈단원풍속도첩〉(보물 527호)은 우리에게 너무도 잘 알려진 풍속화이다.

　　　　조선시대는 충효를 바탕으로 한 유교 영향으로 임금의 초상(御眞) 및 공신功臣과 거유巨孺 등을 봉안키 위한 향교鄕校 및 사당祠堂 등 초상화가 크게 발달했다. 1796년 제작된 〈서직수 초상徐直修 肖像〉[16]은 초상의 능수能手인 화원 이명기李命基(1756-?)가 얼굴을, 김홍도가 몸을 그린 합작품이다. 왼쪽 얼굴이 많이 드러난 좌안8분左顏八分은 평생을 관계에 나가지 않고 서화에 잠심한 주인공의 맑고 조촐한 선비의 모습을 잘 드러내 보여준다. 머리엔 동파관東坡冠을 쓰고 도포道袍를 입었으며 가슴에 검은 광다회廣多繪를 둘렀고 버선발로 평상복平常服 차림의 사대부 입상이다.

　　　　한국인과 가장 가까운 동물인 호랑이 그림은 감상화 내지 벽사의 목적으로 그림 액막이 민화에 이르기까지 조선 초부터 줄기차게 그려진 영모화의 한 소재이다. 〈용맹한 호랑이〉[17]는 김홍도에 의해 정형화된 후기 양식을 보이며 당당한 자세를 별도의 배경 없이 잘 나타낸 그림이다. 말기 화단의 홍세섭洪世燮(1832-1884)은 문인화의 자존심을 영모화에서 보여준다. 〈헤엄치는 오리(遊鴨)〉는 사계절을 배경으로 각기 다른 새를 그린 조선 중기 화단의 사계영모도四季翎毛圖의 전통을 이은 8폭 병풍의 여름 새로, 수직으로 수면을 내려 본 독특한 시점과 활달한 구성 등 새로운 감각을 유려한 필치로 전개했다.

　　　　'고고관'에 속한 유물들 가운데 이전과 차이는 고구려 고분벽화 모사도가 포함된 것과 '가야실'의 확충으로 경북 고령 지산리 32호 가야고분에서 출토된 〈갑옷과 투구〉, 부산 동래 복천동 1호 무덤 출토 〈말머리 모양 뿔잔〉(보물 598호)이 선정된 것이다. '통일신라실'의 〈돌함과 뼈단지〉(국보

17 용맹한 호랑이

18 삼채말

125호)는 인화문에 녹유를 시유한 것으로 일본에 유출되었으나 1965년 한일 국교정상화로 환수된 유물이다.

이번에 선정된 유물은 국립중앙박물관 소장품 가운데 각각의 문화재가 지니는 작품성과 역사성 등을 모두 고려한 것이다. 새롭게 신설된 동양, 역사실을 비롯해 외국 문화재가 13점이나 포함되었다. '고고관'의 경우 선정된 유물이 상대적으로 축소된 감이 없지 않으며, 미술관에 〈달 항아리〉가 제외된 점은 아쉬움으로 남는다.

5실로 구성된 '아시아관'은 화려하고 정교한 금세공金細工 기법이 돋보이는 〈허리띠 버클〉(국보89호)이 우선 눈에 띈다. 평양 석암리 9호분에서 출토된 잘 알려진 낙랑의 대표적인 유물이다. 한사군漢四郡의 하나로 400여 년간 평양을 중심으로 점유한 낙랑군樂浪郡 지역 출토품으로 이루어진 낙랑실은 이 버클이 시사하듯 동시대 중국 본토에 뒤지지 않는 문화였음을 알 수 있다.

'중국실'에는 공예로 〈삼채말〉[18]이, 조각으로 〈반가사유상〉이 선정되었다. 당唐 7세기 후반에서 8세기 전반에 크게 유행했던 당삼채唐三彩는 다채로운 색채가 가능한 유약을 시유해 낮은 온도로 구운 것으로, 용기 외에 부장용 도용陶俑이나 말이 많이 만들어졌다. 〈반가사유상〉은 흰 대리석으로 만든 것으로 계란형 얼굴에 반개한 눈, 긴 코, 입가의 미소 등 우리나라 불상에 영향을 준 북제北齊(550-577) 양식이다. 6세기 후반, 허베이 성(河北省)에서 제작된 것으로 사각 대좌 위에 중앙에 반가상을 좌우에 보살입상을 협시로, 두 나무로 이루어진 광배 등 전체가 한 돌로 조각했다.

1323년 저장성 닝보에서 출발해 일본 규슈 하카타로 향하던 원元 무역선이 우리 연해에서 침몰했다. '신안 해저 문화재실'은 그로부터 650여 년이 지난 1976년부터 1984년까지 여러 차례 발굴을 통해 이루어진 전시실이다. 청자와 백자를 비롯한 2만여 점에 이르는 다양한 도자기와 동전, 각종 금속품, 그리고 배 안에서 실제 사용한 유물을 감상할 수 있다. 송대宋代 관요官窯에서 찾아볼 수 있는 기형으로 긴 목에 두 마리 물고기가 귀처럼 달린 형태로 원나라 때 만든 〈물고기를 닮은 용 장식 병〉과 얇고 섬세한 〈잎사귀무늬 접시〉는 유색이 좋고 기형도 빼어나 신안 출토품 중에서도 백미白眉에 든다.

동양에서 유일한 중앙아시아 조사단이었던 오타니 고이즈(大谷光瑞, 1876-1948) 탐험대가 수집한 각종 유물은 '중앙아시아실'에 모여 있다. 투루판(吐魯番)의 무루툭(木頭溝)에서 6-7세기 제작된 소조상인 〈불법을 수호하는 신〉과 투루판 아스타나(阿斯塔那) 무덤에서 출토된 7세기에 그린

19 창조신 복희와 여와

20 부처

〈창조신 복희와 여와〉[19] 2점이 선정되었다.

　　　　일본 유물도 포함되어 있다. 17세기 말(에도시대), 당시 일본은
조선의 영향을 받아 도자기가 크게 발전했다. 규슈의 사가현佐賀縣에서 내수
內需 외에 유럽에 수출하기 위한 도자기를 빚었을 정도였다. 항구 이름을 따
서 이마리(伊萬里) 도자라 지칭된 당시의 도자기는 다양한 색채와 문양을 보
여주는데, 〈동식물 무늬 합과 접시〉와 일본 장식미술의 묘미를 보여주는 19세
기 옻칠과 금은가루를 섞어 기물의 표면을 장식한 마키에(蒔繪) 칠기인 〈칠기
혼수품〉을 이번에 볼 수 있다.

　　　　일본인 가네코 가즈시게(金子量重)가 기증한 16세기 미얀마 불
상의 대표작인 〈부처〉[20]와 인도네시아 것으로 9~10세기에 제작된 〈가네샤
석조신상〉과 〈청동북〉, 그리고 고故 손기정이 1936년 베를린올림픽 마라톤
우승 때 부상으로 받은 기원 전 6세기 그리스 코린트에서 만들어진 〈청동 투
구〉[21](보물 904호) 등 서양 1점을 포함 13점의 외국 문화재가 포함된 점도 눈
에 띈다.

빛나는 우리 역사 – 독창적獨創的인 문화유산

역사관의 신설은 여러 가지 의미를 지닌다. 과거 고고, 미술에서 한 단계 나아
가, 우리 선조들의 삶에 대해 총체적인 이해를 가능케 했기 때문이다. 여기에
'아시아관'과 '기증관'을 포함해 이웃 국가의 문화재와의 상호 공통점과 차
이점 등을 비교할 수 있다는 점도 의미 있다. 특히 이번 100선 가운데에는 '역
사관' 전시품이 무려 15점이나 선정되었다. 이 유물들은 감상의 대상에 앞서,
우리 민족이 이룩한 문화 유산 가운데 시공時空을 초월해 인류 전체에 문화
사적 의의意義를 지니는 것들이 두루 포함되어 있어 그 가치가 높다 하겠다.

21 청동 투구

　　　　유물들을 자세히 살펴보면 전적典籍이 중심이나 15점 가운데 4
점이 국보이며, 5점이 보물로 우리 민족의 긍지矜持를 고양시키는 독창적인
문화 유산들이다. 아울러 우리의 역사를 구체적으로 이해할 수 있고, 객관적
인 인식을 가능케 하도록 주제별로 묶어 전시했다는 점도 돋보인다.

　　　　'한글실'은 우리 민족의 얼과 혼, 정신과 마음을 담는 독창적 문
자인 한글을 먼저 들 수 있다. 우리 글 훈민정음訓民正音에 나타나 있듯이,
한글은 1446년이라는 만들어진 연대, 만든 사람이 분명하다는 점이 돋보인

다. 배움을 숭상한 오랜 전통과 학문을 향한 애정은 곧바로 유교 및 불교 경전 등 한문으로 된 고전古典들을 번역케 하였고, 덕분에 번역본인 여러 언해諺解와 운자韻字의 사전인 운서韻書를 간행했다. 세조 때 간경도감刊經都監을 두어 각종 언해본을 발간했으니, 1464년 간행된 부처의 큰 깨달음에 대한 가르침인 〈큰 깨달음에 대한 가르침大方光圓覺修多羅了義經諺解〉(보물 970호)도 그 산물 중 하나다.

22 무구정광대다라니경

'인쇄실'은 일찍이 이른 시기부터 양질의 종이와 먹을 만들고, 인쇄로 이어진 우리 민족의 우수함을 돌아보게 한다. 통일신라시대(8세기 중엽)에 다른 나라에 앞서 현존 최고의 목판본인 〈무구정광대다라니경無垢淨光大陀羅尼經〉 22 (국보126호)을 간행한 건 대표적이다. 751년에 세워진 불국사 석가탑 내에 간직된 이 불경은 한국이 인쇄 문화의 메카임을 입증하는 소중한 유물이라 하겠다.

고려시대 불경의 간행은 더욱 활기를 띠었다. 11세기 거란의 침입을 부처의 힘으로 물리치려 만든 〈초조대장경初彫大藏經〉 목판은 1232년 몽골의 침입으로 소실되었으나, 그 목판으로 찍은 〈부처님의 보배로운 말씀을 모은 책大寶積經〉(국보 246호)이 현존하고 있다. 13세기에는 세계 최초로 금속활자를 발명해 책을 발간했다.

'금석문실'은 〈광개토대왕릉비 탁본〉을 비롯한 각종 탁본과 555년 신라의 영토 확장과 급성장을 알려주는 〈신라 진흥왕이 북한산 순수 후 세운 비〉 가운데 북한산 비봉에 세웠던 비(국보 3호) 실물을 비롯해 신도비, 정계비 등의 탁본, 고려 1144년 〈고려의 관리 허재의 석관〉, 각종 묘지墓誌와 인장 등이 있다.

공문과 관직 생활, 매매, 소송, 등기 등에 관한 문서와 수결, 관인을 대상으로 한 '문서실'에는 태조 이성계가 숙신 옹주에게 집과 당을 하사한 문서인 〈태조 이성계가 딸에게 재산을 내려주는 문서〉(보물 515호)가 있다. 우리 강토가 담긴 세계지도와 1861년 김정호가 제작한 〈대동여지도를 찍어낸 목판大東輿地圖 木板〉 23 등 각종 지도를 모은 '지도실'도 있다.

23 대동여지도를 찍어낸 목판

'왕과 국가실'은 왕을 중심으로 한 왕실의 각종 의궤도를 비롯 왕의 탄생부터 교육, 행차, 혼례, 상장례와 관원, 관직, 공신 등으로 구성되었다. 고려 1390년 조선 건국 2년 전 작성되어 태조의 고향인 함경도 영흥 소재 준원전濬源殿에 보관되어 내려온 〈이성계 호적李成桂戶籍〉(국보131호), 1395년 진충귀에게 내린 〈진충귀에게 내린 조선 개국원종공신 임명 문서朝鮮開國原從功臣陳忠貴錄券〉(보물1160호), 대한 제국 광무 1년인 1897년

24 손으로 쓴 화엄경

고종황제가 후일 순종純宗인 황태자를 책봉하며 내린 〈대한 제국 황태자 책봉 때 만든 금책大韓帝國皇太子冊封金冊〉 등이 전시되어 있다.

　　'사회경제실'에는 과거 생활상을 재현하기 위해 구체적인 사회 제도와 경제 규모 및 생활사 자료를 집성했다. 호구 파악을 위한 호적대장을 3년마다 만들었고 태조 호패號牌와 마패馬牌 등 여러 가지 신표와 상거래의 화폐와 도량형기度量衡器 등이 망라되었다.

　　'전통 사상실'은 불교와 유교, 도교 등 외부에서 들어온 사상이 우리 고대 국가의 형성에 어떻게 영향을 끼쳤는지, 불교는 어떤 역할을 했는지, 그리고 왕도 정치와 유교적 삶이 어떻게 토착화되어 우리 민족의 정신 세계를 이루었는지를 엿볼 수 있다. 아울러 도교와 민간 신앙이 어떻게 어우러졌는지도 확인할 수 있다. 손으로 갈색 종이에 은으로 쓴 화엄경인〈손으로 쓴 화엄경橡紙銀泥大方廣佛華嚴經〉 24 (보물 1137호)은 표지에 금니로 그린 섬세하고 화려한 꽃무늬가 장식된 고려시대(14세기) 제작된 불경이다. 화엄경은 부처와 중생이 둘 아닌 하나임을 중심 사상으로 한 화엄종의 근본 경전이다. 법화경과 함께 우리나라 불교 사상에 큰 영향을 끼쳤다.

　　한자와 유교, 불교를 공유한 한·중·일 삼국은 다양한 교역과 교류를 이어왔다. '대외 교류실'은 사대事大와 교린交隣 등 정책적인 측면에서 살피고 서양 문물의 전파까지를 그 대상으로 한다. 조선 초 1450년 조선에 온 중국 사신과 우리 학자들이 주고받은 시 37편을 모은 〈조선의 학자와 중국의 사신이 주고받은 시奉使朝鮮倡和詩卷〉 25 (보물 1404호)는 대명외교의 실상과 조선 초 서예의 측면에서도 중시된다.

　　지금까지 국립중앙박물관에서 특별히 추리고 모은 유물 100선을 간략하게 살펴보았다. 모든 유물 하나하나가 참으로 소중해 그 경중과 우열을 가릴 수 없음은 독자들이 더 잘 알 것이다. 오히려 각 유물에 대한 개략적인 설명만을 할 수 없어 안타까울 지경이다. 아무쪼록 이번 『국립중앙박물관 100선』이 우리의 전통문화를 진정으로 사랑하고, 이해할 수 있는 소중한 기회가 되기를 바란다.

25 조선의 학자와 중국의 사신이 주고받은 시

Abstract |

100 Highlights, the National Museum of Korea - the Outstanding Masterpieces among the collections of National Museum of Korea

Treasures are 'fine things or fine art works that are considered precious'. But today these 'fine things that are considered precious' signify 'designer's brand clothes, shoes and bags' especially to the young generation who is very sensitive to the trend. Those early and middle 20s youths who purchase luxury goods with their parents' money, are categorized as 'Luxury Generation'.

However there are so many fine things that have been loved by people for so long time because of not only their brand name but also beautiful design, practicality and solidity. And human beings' desire to own those masterpieces is our irresistible and consistent attribute.

<Treasures of National Museum of Korea> was first published in 1972 when the museum was moved from Seokjojeon in Deoksu palace to a new building in Gyeongbok palace(National folk museum is now there).

This catalog with color plates for the first time, according to its publisher, illustrated '100 treasures that are models and the ace of each period' in a chronological order. But in fact, 118 pieces were featured.

Even though any artifact from Paleolithic and Gaya periods was not featured, newly excavated artifacts such as 'a comb-patterned earthenware jar' were included. Shilla's artifacts from old tombs that were mostly excavated by Japan, were featured less importantly than Baekje's. And also there were 23 pieces of celadon from Goryeo among 35 pieces that were featured in this catalog.

<Collection of National Museums of Korea> was published in 1986 when the museum moved from Gyeongbok palace to the Capitol Building. As the title of the catalog indicates, collections of regional national museums were also featured. This catalog showed magnificent achievements of Korean archaeology in the 1970s and 1980s, featuring newly excavated artifacts. It also dealt with several Buncheong wares and white porcelains. Even though more paintings were featured, but any Buddhist paintings and calligraphies were not included.

Finally this catalog was published one year after National Museum of Korea moved to Yongsan and reopened in 2005. Since there have been so many achievements and developments in archaeology and art history and also two galleries - Historical Gallery and Asian Art Gallery - were newly opened, the range of artifacts featured in this catalog has been expanded.

National treasures are unique and creative and beautiful cultural assets that are achieved by a nation throughout its long history. And if these treasures have universality, originality and creativity and lift up pride and dignity, they can transcend one nation or people and thus be enjoyed and treasured by the universe.

It will take tremendous time to appreciate all the collections of National Museum of Korea since its exhibition halls have been expanded and

Abstract

the number of exhibited artifacts has been increased. Thus this catalog would like to introduce 100 pieces of treasures that the museum would like to highlight as 'do not miss' items for visitors. It would be very helpful for those who do not have enough time to look around the whole collection to understand and appreciate Korean culture and history in general.

The Archaeological Gallery encompasses 4,500 prehistoric and ancient artifacts from 11 sections of history starting from the Paleolithic age to the Balhae Kingdom. It is very significant that there is more focus on Gaya period and a new addition, even though very limited, of the Balhae Kingdom.

The Fine Arts Gallery I & II present calligraphy, paintings, Buddhist paintings and statues, celadon and metal and wooden works from Three Kingdom period to Joseon Dynasty.

The Historical Gallery exhibits Hangeul, the world's first metallic printing type, inscriptions on stone and metal monuments, documents and maps that all epitomize the characteristics of Korea's different eras and cultures.

The Asian Arts Gallery is comprised of not only three main sections of Central Asian art, Chinese art, and Japanese art, but also two sections of Nangnang remains that were excavated in Korean territory and Relics from Sinan Seabed. There are spaces left empty for artifacts of India, Vietnam, Philippines, Burma, Tibet and other Asian countries.

The Donation Gallery features 1,000 artifacts that were donated before the reopening in Yongsan. Since 1946, over 200 donors have donated approximately 22,000 artifacts to National Museum of Korea. It takes 10% of the whole collection of the museum.

<100 treasures> is about 100 artifacts that are historically significant and artistically refined among the collection of National Museum of Korea. These have been selected based on understanding of Korean history and culture in terms of archaeology and art history.

Among 100 pieces, there are 32 pieces of National Treasure and 17 pieces of Treasure. Also 12 pieces from other countries have been included.

Every artifact in the National Museum of Korea is so precious and excellent that it is impossible to put one thing above the other. I truly hope that 『100 Highlights, the National Museum of Korea』 give you a good chance to understand, appreciate, and love Korean tradition and culture.

도판목록

051 석봉 한호 선생이 쓴 두보 시 '양전중이 장욱의 초서를 보여주다' 조선 1602–1604년, 25.2×16.5cm

052 감로를 베풀어 아귀를 구해냄 조선 1649년, 삼베에 색

053 미수 허목 선생이 쓴 '척주동해비' 원고 조선 1661년, 132.7×50.5cm

054 괘불 조선 1684년, 삼베에 색

055 끝없이 펼쳐진 강과 산 조선 18세기, 43.8×856.0cm

056 금강산 조선 1711년, 36.0×37.4cm

057 서직수 초상 조선 1796년, 72.4×148.8cm

058 단원 풍속도첩 조선 18세기, 39.7×26.7cm

059 용맹한 호랑이 조선 18세기, 96.0×55.1cm

060 헤엄치는 오리 조선 19세기, 119.7×47.9cm

061 추사 김정희 선생이 쓴 자신의 별호에 대한 글 '묵소거사 자찬' 조선 19세기, 32.7×50.5cm

062 문갑 조선 19세기, 22.2×144.0cm, 높이 36.3cm

063 사층 사방탁자 조선 19세기, 38.7×38.7cm, 높이 149.5cm

064 청자 사자 장식 향로 고려 12세기, 높이 21.1cm

065 청자 참외 모양 병 고려 12세기, 높이 22.7cm

066 청자 칠보무늬 향로 고려 12세기, 높이 15.3cm

067 청자 연꽃넝쿨무늬 매병 고려 12세기, 높이 43.9cm

068 청자 모란무늬 항아리 고려 12세기, 높이 19.8cm

069 청자 버드나무무늬 병 고려 12세기, 높이 31.4cm

070 청자 모란넝쿨무늬 조롱박 모양 주전자 고려 12세기, 높이 34.7cm

071 백자 연꽃넝쿨무늬 대접 조선 15세기, 높이 7.6cm

072 분청사기 구름 용무늬 항아리 조선 15세기, 높이 48.5cm

073 분청사기 모란무늬 자라병 조선 15세기, 지름 24.1cm

074 분청사기 모란넝쿨무늬 항아리 조선 15세기 후반, 높이 45.0cm

075 백자 매화 대나무 새무늬 항아리 조선 15–16세기, 높이 16.5cm

076 백자 매화 대나무무늬 항아리 조선 16세기, 높이 40.0cm

LIST OF EXHIBIT

041   Stupa for Master Yeomgeo Unified Silla(844), H 170.0cm

042   Stele fot the National Preceptor Nanggongdaesa at Taejasa
       Goryeo(954), 218.0 × 102.0 × 25.7cm

043   Buddha Goryeo, 10th century, H 288.0cm

044   Lantern with Two Lions Goryeo, H 300.0cm

045   Buddhist Bell from Cheonheung-sa Temple Goryeo(1010), H 174.2cm

046   Ritual Ewer(Kundika) Goryeo, 12th century, H 37.5cm

047   Monk's Duster Goryeo, 12th century, H 42.7cm, D 1.6cm

048   Frontispiece of Avatamsaka Sutta Goryeo(1350), Gold on Indigo Paper

049   Ten-Story Pagoda from the Monastic Site of Gyeongcheonsa Goryeo(1348), H 1350.0cm

050   Gathering of Censors Joseon(1540), 93.0 × 61.0cm

051   Han Ho, Poem by Du Fu Joseon(1602-1604), 25.2 × 16.5cm

052   Saving Hungry Ghosts with Sweet Dews Joseon(1649), Color on Hemp

053   Heo Mok, Manuscripts from the 'East Sea Stele in Cheokju' Joseon(1661), 32.7 × 50.5cm

054   Hanging Scroll from Buseoksa Joseon(1684), Color on Hemp

055   Mountains and Rivers without End Joseon, 18th century, 43.8 × 856.0cm

056   Album of Mount Geumgang in Autumn Joseon(1711), 36.0 × 37.4cm

057   Potrait of Seo Jik-su Joseon(1796), 72.4 × 148.8cm

058   Album of Genre Painting by Danwon Joseon, 18th century, 39.7 × 26.7cm

059   Tiger Joseon, 18th century, 96.0 × 55.1cm

060   Swimming Ducks Joseon, 19th century, 119.7 × 47.9cm